地理课程公平研究

基于社会实在论视角的探索

龚倩 著

南京师范大学出版社

图书在版编目(CIP)数据

地理课程公平研究：基于社会实在论视角的探索／龚倩著
.— 南京：南京师范大学出版社，2023.12
ISBN 978-7-5651-5903-9

Ⅰ.①地… Ⅱ.①龚… Ⅲ.①中学地理课－教学研究
Ⅳ.①G633.552

中国国家版本馆CIP数据核字(2023)第210732号

书　　名	地理课程公平研究——基于社会实在论视角的探索
作　　者	龚　倩
策划编辑	姜爱萍
责任编辑	应璐燕
特约编辑	翟桂叶
出版发行	南京师范大学出版社
地　　址	江苏省南京市玄武区后宰门西村9号(邮编：210016)
电　　话	(025)83598919(总编办)　83598412(营销部)　83598009(邮购部)
网　　址	http://press.njnu.edu.cn
电子信箱	nspzbb@njnu.edu.cn
照　　排	南京开卷文化传媒有限公司
印　　刷	镇江文苑制版印刷有限责任公司
开　　本	710毫米×1000毫米　1/16
印　　张	14.25
字　　数	197千
版　　次	2023年12月第1版
印　　次	2023年12月第1次印刷
书　　号	ISBN 978-7-5651-5903-9
定　　价	88.00元
出版人	张　鹏

南京师大版图书若有印装问题请与销售商调换

版权所有　侵犯必究

序　言

党的二十大报告指出,将促进教育公平作为办好人民满意的教育的重要组成部分。教育的公平性是社会主义本质的要求,要发展社会主义,逐步实现人民共同富裕,教育公平是基础。教育公平从本质意义上看,包含教育平等及其合理性两重质的规定,平等的理念是其观念基础。而教育平等又包含教育机会平等和教育权利平等等组成部分。其中,教育机会直接影响受教育者未来发展的可能结果,因此不能低估教育机会问题对整个教育公平的重要性。詹姆斯·科尔曼(James Coleman)在《教育机会均等的观念》(*Equality of Educational Opportunity*)中指出,机会均等观点包含了这样的假设:机会寓于某种特定课程的接触之中。机会的多少视儿童学习的课程水平的高低而定。对于某些儿童来说,所达到的课程水平越高,所获得的机会就越多。

在全面贯彻落实党的二十大精神的开局之年,对作为教育公平核心的课程公平进行研究,就有其充分的必要性。特别是《普通高中地理课程标准(2017年版2020年修订)》《义务教育地理课程标准(2022年版)》的颁布,均对开展契合时代特征的地理课程公平研究提出了需求。

龚倩博士的研究,将地理课程放置在课程公平的基石之上,采用社会实在论的理论视角来审视地理课程。通过对课程社会学中社会实在论研究转向的考察,建立起社会实在论知识观下课程知识与课程公平的关联;并以中学地理课程为例,系统地论述了社会实在论知识观下的地理知识类型和地理课程形态;在实证研究的支持下,采用扎根理论,进一步探寻使得公平的地理课程得以传递的地理教学模式。

该研究的主要内容围绕社会实在论对构建公平的地理课程在课程知识选

择、组织和传递方面的影响而展开。

第一,对课程社会学的发展历程与研究对象展开分析,发现社会建构主义理念给课程研究带来的问题。社会实在论作为课程社会学研究的另一种选择,在承认知识社会性的基础上,通过对学科社群所主张知识准则的认可,使得知识客观性得以保障,从而在课程知识与课程公平间搭建起了桥梁。

第二,厘清了"强有力的知识",并基于强有力的知识能够赋予知识所有者力量的解释,甄别了四类构成公平地理课程的强有力的地理知识:即提供新思维方式的地理知识、提供新理解方式的地理知识、提供新行为方式的地理知识与提供新参与方式的地理知识。

第三,以边界的作用和知识的社会分化作为原则,提出了未来课程的三种可能路径。而公平的地理课程是以未来 3 的课程形态呈现的,即仍是以地理学科"再语境化"所形成的地理科目为基本形式,以同时具备客观性和历史性的强有力的地理知识为主要内容,强调学科边界的持续作用。

第四,开展了课堂教学的实证研究。通过理论抽样,使用了扎根理论和建立在该理论基础上的 NVivo 12 软件,经由开放编码、主轴编码和核心编码,对 6 位高中地理教师的 18 节地理课堂教学视频进行了深入挖掘,探索教学构成要素,归纳使公平的地理课程得以传递的显性地理教学模式。

龚倩博士的此项成果,丰富了对课程公平的研究和理解,拓展了对中学地理课程的思考和想象,并启发了对地理课程改革的完善和延伸,具有一定的独创性、新颖性和引领性。

(国家中小学地理教材建设重点研究基地主任,华东师范大学地理教育研究所所长,教授,博士生导师)

目　录

序　言 …………………………………………………………… 001

第一章　绪　论 ………………………………………………… 001

　　第一节　问题提出 ………………………………………… 001

　　第二节　文献回顾 ………………………………………… 004

　　第三节　研究设计 ………………………………………… 014

第二章　课程社会学中的社会实在论转向 …………………… 023

　　第一节　源于新教育社会学的课程社会学 ……………… 026

　　第二节　转向社会实在论 ………………………………… 034

第三章　社会实在论知识观下的地理知识 …………………… 045

　　第一节　强有力的知识 …………………………………… 047

　　第二节　强有力的地理知识 ……………………………… 050

第四章　社会实在论知识观下的地理课程 ………………………… 067

第一节　课程社会学视域下的课程理论危机 ……………… 069
第二节　对未来地理课程的构想 …………………………… 075

第五章　社会实在论知识观下的地理教学 ………………………… 086

第一节　基于 NVivo 12 软件的课堂教学视频研究 ……… 086
第二节　社会实在论知识观下的地理教学模式 …………… 094

第六章　结论与展望 ………………………………………………… 152

第一节　研究结论 …………………………………………… 152
第二节　研究展望 …………………………………………… 156

主要参考文献 ………………………………………………………… 158

附录 …………………………………………………………………… 168

第一章 绪 论

第一节 问题提出

一、研究缘由

党的二十大报告指出,将促进教育公平作为办好人民满意的教育的重要组成部分。《中国教育现代化 2035》也将教育公平纳入推进教育现代化的指导思想之中,提出要大力推进教育理念、体系、制度、内容、方法、治理现代化,着力提高教育质量,促进教育公平,优化教育结构,为决胜全面建成小康社会、实现新时代中国特色社会主义发展的奋斗目标提供有力支撑。[①]

教育公平从本质意义上看,包含教育平等及其合理性两重质的规定,平等的理念是其观念基础。[②] 而教育平等又包含教育机会平等和教育权利平等等组成部分。其中,教育机会直接影响受教育者未来发展的可能结果,因此不能低估教育机会问题对整个教育公平的重要性。[③] 詹姆斯·科尔曼（James Coleman）在《教育机会均等的观念》（*Equality of Educational Opportunity*）中指出,机会均等观点包含了这样的假设:机会寓于某种特定

---

① 中共中央国务院印发《中国教育现代化 2035》[J]. 人民教育,2019(5):7-10.
② 郭元祥. 对教育公平问题的理论思考[J]. 教育研究,2000(3):21-24,47.
③ 田正平,李江源. 教育公平新论[J]. 清华大学教育研究,2002(1):39-48.

课程的接触之中。机会的多少视儿童学习的课程水平的高低而定。对于某些儿童来说，所达到的课程水平越高，所获得的机会就越多。① 由此，对作为教育公平核心的课程公平进行研究，就有其必要性。② 特别是《普通高中地理课程标准(2017年版2020年修订)》的颁布，以及教育部于2019年1月启动的对义务教育地理课程标准的修订，都对开展契合时代特征的地理课程研究提出了需求。

20世纪90年代末以来，部分课程社会学者基于对已有研究的反思，提出了社会实在论(social realism③)的研究取向。兴起于20世纪70年代的课程社会学研究认为，作为社会知识组织的课程与权力分配和社会控制之间，存在着密切的关系。④ 这种社会建构主义取向的课程研究，导致了"谁的知识"的增殖和"知识的认识论"的停滞。⑤ 而社会实在论知识观取向的课程研究，通过平等地拥有知识的认识论基础这样的途径，来促进社会正义，再经过对这种知识研究的拓展，以实现公平而有质量的教育。⑥ 课程社会学"社会实在论"学派的出现，深化了知识、课程和教育公平、社会正义之间的联系，为更深层次的课程公平研究提供了可能性。

2016年10月至2017年10月，笔者在伦敦大学学院教育学院(Institute of Education, University College London)接受联合培养的一年里，参与了大卫·兰伯特(David Lambert)领衔的地理教育团队所开展的强有力的地理知识(powerful geographical knowledge)和地理可行能力(GeoCapabilities)研究。这一经历，给养了笔者的研究构想。2017年7月4日至2017年7月6日，

---

① 张人杰. 国外教育社会学基本文选[M]. 上海：华东师范大学出版社，2008：150.
② 熊和平. 论课程公平及课程改革[J]. 教育导刊，2007(1)：8-10.
③ 目前国内教育学者对"social realism"的翻译并不统一，存在"社会实体主义""社会现实主义""社会实在论"等多种译法。本书采用的是"社会实在论"这一译法。
④ Young M F D. Knowledge and Control: New Directions for the Sociology of Education [M]. London: Collier Macmillan, 1971.
⑤ 石艳，张新亮. 知识社会性的反思与重构——社会实在论知识观的教育意义[J]. 教育研究，2019(3)：68-79.
⑥ 张新亮. 课程社会学的"社会实在论"转向[D]. 长春：东北师范大学，2019.

笔者更有幸参加了在剑桥大学耶稣学院（Jesus College，University of Cambridge）举办的第四届"教育中的知识"剑桥大学研讨会（The Fourth Cambridge Symposium on Knowledge in Education），见到了麦克·扬（Michael Young）、约翰·穆勒（John Muller）、约翰·摩根（John Morgan）、布莱恩·巴雷特（Brian Barrett）、林恩·耶茨（Lyn Yates）、雅艾尔·沙勒姆（Yael Shalem）等处于社会实在论研究前沿的课程社会学学者，并聆听了他们的最新研究进展。在与麦克·扬交流的过程中，笔者表达了想在中国的语境下，基于社会实在论的视角，围绕课程公平对地理课程进行探索的构想。这些研究构想，得到了他的认可。正是他的鼓励，使笔者踏上了从社会实在论角度探究地理课程、课程公平的征程。

二、研究问题

基于上述缘由，本书旨在通过对课程社会学中社会实在论研究转向的考察，建立起社会实在论知识观下课程知识与课程公平的关联，并以中学地理课程为例，尝试系统地论述社会实在论知识观下的地理知识类型和地理课程形态，并在实证研究的支持下，进一步探寻使公平的地理课程得以传递的地理教学模式。本书围绕社会实在论对构建公平的地理课程的影响，具体探究以下问题：

第一，课程社会学中为何会出现社会实在论这一研究转向？为何社会实在论知识观视角下的课程知识能够促进课程公平的实现？

第二，基于社会实在论知识观，构建公平的地理课程，要选择什么样的地理知识？要将地理知识组织成什么样的课程形态？

第三，在实践中，什么样的地理教学模式可以保障公平的地理课程得以有效传递？

第二节 文献回顾

一、课程公平研究

目前国内已有的课程公平研究,主要聚焦对课程公平的释义,从社会学、女性主义现象学、城乡差异、文化视角研究课程公平,以及探讨课程改革、课程评价、学前教育与课程公平。

针对课程公平的内涵,王勇鹏进行了系统性的阐释。他认为,课程公平是为学生发展提供其所应得的课程支持,且课程公平和课程效率是统一的。课程公平包括课程实质公平和课程程序公平。课程的实质公平是指学生应得什么内容的课程支持和学生应得什么结构的课程支持,按照平等、差别、补偿的原则,为学生平等地提供基础性课程支持,差别地提供发展性课程支持,为相对弱势的学生提供补偿性课程支持,从而实现学生各自的应得发展。课程的程序公平是指学生应得的课程支持如何实现,并从课程支持的多元性提供与学生对课程支持的自由性选择两大方面着手,构建"多元选择性课程制度"。[①]

孙琳认为课程公平的应有内涵包括普适性、差异性的内容,师生平等、手段多样的教学过程,发展性评价,为成功提供基本准备,将社会听证和准入制度作为保障。[②] 吴支奎认为课程公平问题缘于课程作为官方知识的载体,通过课程分化和标定来完成知识的不公平分配,并认为可通过加强校本课程开发重建知识伦理、推进冲突性整合实现课程知识的多元共生、深化制度改革调整课程知

---

① 王勇鹏. 应得与公平——课程公平的研究[D]. 长沙:湖南师范大学,2008.
② 孙琳. 课程公平:问题、基础与内涵[J]. 天津市教科院学报,2008(3):11-13.

识的供应制度来实现课程公平。① 殷玉新等则立足课程本身,遵循古德莱德五级纵向课程观的逻辑脉络,梳理实然课程中存在的公平问题,并从保障机制、课程内部诸要素和教师等出发,探讨建构课程公平的可能的实现路径。②

刘丽群基于社会学的视角,关注课程中内隐的公平问题,认为课程作为官方知识的载体,在阶级社会中,它更多的是承载统治阶级的利益和价值,这就使得被统治阶级子女学习和掌握课程内容时从根本上就处于不利位置,且这种不公平通常借助奖励优秀、矛盾转移、公开选拔与隐性淘汰相结合的方法而合理化了。③ 孙文书从具体的教育情境和现象出发,以女性主义现象学的研究立场,采用质化研究范式,对女中学生在校园中的性别体验进行了详细的描述和深入的分析,揭示女中学生校园教育性别体验存在四个方面的课程不公平:运动空间和生活(厕所)空间的校园空间体验,师生互动和专业性别刻板印象的知识性别体验,校园内性别分工和墙壁文化去女性化的校园文化体验,服装的规训和发型的规训的微型制度体验。在此基础上对课程公平进行教育反思,提出建立温暖关怀取向的空间、实施知识性别平等的教师作为、建造两性和谐的校园文化氛围、建构友善制度的商谈机制等促进课程公平的教育机制和教师智慧。④

在关注城乡差异的课程公平研究中,皮武基于罗尔斯正义原则,认为我国农村基础教育课程在目标、内容、实施、评价、结果诸方面均存在着显性或隐性的不公平,提出对农村基础教育实行政策倾斜、发挥校本教研的引领作用、强化地方课程和校本课程、提高校长和教师的课程理解等促进农村基础教育课程公平的措施。⑤ 蒋维西认为我国中小学英语课程在课程规划、课程实施以及课程评价三个阶段均存在城乡课程不公平的问题,而课程政策定位"城市中心"、城乡

---

① 吴支奎. 论课程公平及其实现路径[J]. 教育导刊,2014(12):10-12.
② 殷玉新,郝亚迪. 论课程公平及实现路径[J]. 教育导刊,2016(6):32-36.
③ 刘丽群. 论课程公平——一种社会学的视野[J]. 湖南师范大学教育科学学报,2006(2):17-20.
④ 孙文书. 课程公平的性别体验研究——基于女中学生的立场[D]. 宁波:宁波大学,2013.
⑤ 皮武. 农村基础教育的课程公平——基于罗尔斯正义原则的检视[J]. 现代教育管理,2011(3):15-18.

社会二元经济结构,忽视城乡差异与不注重过程性评价是造成城乡基础教育英语课程不公平的主要原因,并提出在课程评价上"尊重差异"、在课程实施上"缩小差距"、在课程规划上"创新机制"等促进城乡基础教育英语课程公平的措施。①

文化视角的课程研究中,熊和平认为增进课程公平,需要根据不同区域内学校的文化状况,即为了让更多的学生切实享受到课程改革的成果,学生在相对均衡的"软实力"条件下,公平地接受教育。② 梁心愿指出学校文化作为课程资源,是影响课程公平的重要维度,而学校文化这把双刃剑既可推动又可阻碍课程公平,学校为学生提供的文化影响直接反映课程公平的程度,因此可以通过加强区域内教育主管部门领导力和执行力、提供基础性课程支持、提高学校文化传承与创新、提供个性化课程支持、扶持区域内薄弱学校、提供补偿性课程支持等措施,建立学校文化,推进区域内义务教育课程公平。③ 罗晓红则以巴兹尔·伯恩斯坦(Basil Bernstein)的编码理论为基础,从文化的视角讨论了课程公平问题。④

熊和平从求知功能上彰显过程性的课程理念、求知内容上建立灵活性的课程开发机制、求知方式上强调参与性的课程实施方式、求知条件上创造公平的课程资源配置环境、求知结果的评价上建立多元的课程评价体系这几个维度,论述了我国学校课程改革应为课程趋向公平做出的相应努力。⑤ 王发明等认为在三层课程模型中,学习机会的丰富内涵对于我国课程公平研究具有重要启示:在预期课程层面,通过课程标准兜住学习机会的底线;在课程实施层面,发挥教师对学习机会公平的调节作用;在课程评价层面,发挥学业质量标准对学业成就评价的引导作用。⑥ 王勇鹏认为如何将有限的课程资源在学生间进行公

---

① 蒋维西. 基础教育改革中城乡课程公平问题及对策——基于中小学英语课程改革的视角[J]. 现代教育科学, 2017(2): 109-114.
② 熊和平. 区域内义务教育课程公平的学校文化视角[J]. 教育研究, 2011(5): 66-68.
③ 梁心愿. 学校文化:推进区域内义务教育课程公平的另一视角[J]. 当代教育理论与实践, 2012(5): 5-7.
④ 罗晓红. 文化视角下课程公平问题探析[J]. 西部素质教育, 2015(10): 10-11.
⑤ 熊和平. 论课程公平及课程改革[J]. 教育导刊, 2007(1): 8-10.
⑥ 王发明, 王烨晖. 课程测评中"学习机会"概念对我国课程公平研究的启示[J]. 教育导刊, 2019(3): 15-20.

平的分配,既是学生应得课程资源的结构问题,也是课程实质公平的核心内容之一。[①] 王晓芬认为我国幼儿园教育中的课程不公平有着多种表现。[②]

二、社会实在论相关研究

目前国内对课程社会学中发生的社会实在论转向的研究,主要集中在对这一转向发生原因、内涵及意义的探讨,以及基于这一转向核心的"强有力的知识"(powerful knowledge)概念的相关讨论。

杨燕燕率先注意到课程社会学中发生的由社会建构主义取向转向社会现实主义取向的趋势,并强调了社会现实主义取向的课程社会学肯定知识的社会性和客观性,重视知识的结构性差异本身,与此同时,这一转向意味着课程社会学从关注"谁的知识最有价值"转向关注"什么知识最有价值",也意味着从后现代主义思维方式转向现代性思维方式,为人们深化关于知识问题的看法打开了新的论争之门。[③] 文雯等通过对麦克·扬的著作《把知识带回来——从社会建构主义到社会实在论》(Bringing Knowledge Back in: From Social Constructivism to Social Realism in the Sociology of Education)中核心观点的梳理,指出麦克·扬在批判和超越社会建构主义的内在弊病的同时,力图解决知识客观主张与它们不可摆脱的情境性和历史性特点之间的张力,即课程知识的客观性与社会性之间的矛盾,进而针对教育社会学和课程理论的发展,提出了"社会实在论的知识观"。[④]

目前在国内对课程社会学中所发生的社会实在论转向的研究中,以张新亮和石艳的研究较为系统和全面,他们的研究主要包括两篇学术期刊论文及一篇硕士学位论文。他们首先以麦克·扬的社会实在论思想为切入点,指出

---

① 王勇鹏. 论课程资源的公平分配[J]. 湖南师范大学教育科学学报,2011(3):43-45.
② 王晓芬. 幼儿园教育中的课程公平[J]. 学前教育研究,2008(1):20-24.
③ 杨燕燕. 英国课程社会学的社会现实主义转向[J]. 外国教育研究,2010(8):48-52.
④ 文雯,许甜,谢维和. 把教育带回来——麦克·扬对社会建构主义的超越与启示[J]. 教育研究,2016(3):155-159.

社会实在论旨在解决由"新教育社会学"带来的知识的社会建构与其客观性之间的矛盾,这一矛盾导致了教育社会学关于知识的困境;而社会实在论主张知识的社会建构与其客观性之间具有内在一致性,知识是一个独立的范畴;在批判继承爱弥尔·涂尔干(Émile Durkheim)"知识是如何分化"和巴兹尔·伯恩斯坦(Basil Bernstein)"知识是如何发展"观点的基础上,麦克·扬提出"强有力的知识"概念,把学科知识作为强有力的知识的表现形式,这对课程知识选择具有一定的理论价值,同时将学科知识作为课程知识选择的起点,并赋予学科知识重要的社会功能,即促进社会公平公正。[①]

接着,他们对社会实在论知识观进行了探索,认为社会实在论知识观反思并重构知识的社会性,主张知识的对象是实在而非经验,知识生产具有浮现属性,能够超越产生知识的特定社会历史情境,知识的客观性是一种程序客观性,具有社会基础;社会实在论知识观把"新教育社会学"以来的文化效应的研究转向了知识效应的研究,真正把知识本身作为教育社会学研究的核心议题,这对于学校中课程知识的选择、课堂中教学重点的确立和教师专业知识的强调具有重要的教育意义,同时也意味着知识领域中的教育公平问题的深层次推进。[②]

基于上述两篇论文,张新亮在其硕士学位论文中跳出对微观研究点的聚焦,从课程社会学学科层面全面论述了社会实在论转向。他以社会实在论为研究对象,首先分析了课程社会学自产生以来所坚持的社会建构论的研究取向,这种研究取向在把知识还原为权力关系的同时,遮蔽了知识的客观性;其次基于社会实在论对社会建构论知识观的反思,总结了社会实在论的内涵,即社会实在论承认知识的社会性,但同时主张知识所具有的客观性与其社会性之间并非是不可调和的,正是知识领域的独特社会性模式保证了课程知识的客观性和真理主张;接着,从课程理论和课程实践两个层面论述了社会实在论转向下的

---

① 张新亮,石艳. 麦克·扬的社会实在论思想初探[J]. 外国教育研究,2018(12):33-43.
② 石艳,张新亮. 知识社会性的反思与重构——社会实在论知识观的教育意义[J]. 教育研究,2019(3):68-79.

课程研究——就课程理论而言,知识的分化问题是课程社会学的中心理论议题,而对课程实践来说,应着重考虑学校知识与学生日常知识之间的分化,建立一种基于知识的课程体系;最后阐述了课程实在论对学校变革的意义,即学校教育要传授基于知识的课程,要重视科目中的学科概念,教师的专业知识应克服由科目知识与学生日常知识之间的裂隙带来的挑战。[1]

在对"强有力的知识"的研究中,张建珍等深入剖析"强有力的知识"和未来学校模型的内涵,并阐发它们对知识观的发展、社会公正的研究和教育实践的指导等方面的意义。[2] 他们更进一步地围绕从"有权者的知识"到"强有力的知识"的转变过程,发起了与麦克·扬关于课程知识观转型的对话。[3] 杨加玲分析了"强有力的知识"这一思想对我国当前课程改革的启示,即在课程知识观上把握知识的客观性与社会性的协调,在课程知识形态上区分学校知识与日常经验,在课程知识内容的选择上凸显学科知识的专业属性,在课程知识组织上凸显知识系统性。[4] 张维忠等则研究了"强有力的知识"对我国综合实践活动课程改革的知识取向的确立、课程内容的安排、实施渠道的拓宽、实施效果的提升、课程最终目标的达成等方面的启示。[5] 龚倩等探讨了"强有力的知识"在英国地理课程实施中的作用。[6] 曹欣然进行了强有力知识取向下的高中自然地理深度教学研究,系统地提出强有力地理知识的构成与特征,梳理了高中自然地理中强有力的地理知识,调查强有力知识取向下的高中自然地理深度教学现状,阐

---

[1] 张新亮. 课程社会学的"社会实在论"转向[D]. 长春:东北师范大学,2019.
[2] 张建珍,许甜,大卫·兰伯特. 论麦克·扬的"强有力的知识"[J]. 清华大学教育研究,2015(6):53-60.
[3] 麦克·扬,张建珍,许甜. 从"有权者的知识"到"强有力的知识"——麦克·扬与张建珍、许甜关于课程知识观转型的对话[J]. 华东师范大学学报(教育科学版),2017(2):99-105.
[4] 杨加玲. 麦克·杨"强有力的知识"及其对课程改革的启示[J]. 教育理论与实践,2018(32):46-47.
[5] 张维忠,任燕巧,褚小婧. 麦克·杨"强有力的知识"及其对我国综合实践活动课程改革的启示[J]. 浙江师范大学学报(社会科学版),2018(3):95-99.
[6] 龚倩,段玉山,蒋连飞,等. 英国地理课程中的"知识转向"[J]. 全球教育展望,2018(7):57-65.

述强有力知识取向下的高中自然地理深度教学策略。①

三、地理课程研究

自中华人民共和国成立以来,我国基础教育阶段的地理课程,经历了跌宕起伏的七十年。② 中华人民共和国成立初期,在新的中小学课程标准尚未制定之前,暂时沿用中华人民共和国成立前的中小学地理课程体系,即:小学五年级学习本国地理,六年级学习外国地理;初、高中第一、二学年学习本国地理,第三学年学习外国地理。

《中小学地理教学大纲(草案)》于1956年6月正式颁布实施,规定小学五年级学习地球及中国地理,小学六年级学习中国地理和世界地理。初中以自然地理为主,世界地理和中国地理均以自然地理为重点:初中一年级的自然地理课程,主要探讨各种自然地理现象发生的原因,以及构成自然环境的各要素相互影响、相互制约的关系;并且要求学生掌握定方向、测绘平面图、测定山丘高度、观测气象等技能;再通过初二、初三年级世界地理和中国地理的教学,开阔学生的视野,使其获得有关世界和国家的基本地理知识。而高中阶段以外国经济地理的学习为主,课程主要包括:认识在不同的社会经济制度下,生产配置是不相同的;认识一个国家的生产性质与居民生活条件的关系。

1958年,初一的自然地理被取消,同时与高中的两门经济地理课程合并。1959年起,仅在初一、初二开设地理课程,课程内容仅包括地球、世界地理、中国地理和乡土地理。

1963年颁布的《全日制中学地理教学大纲》规定,在课程学习的过程中,要先讲授为区域地理做准备的地图、地形和大气的知识,接着讲授中国地理,

---

① 曹欣然. 强有力知识取向下的高中自然地理深度教学研究[D]. 西安:陕西师范大学,2018.
② 陈尔寿. 中国学校地理教育史略[M]. 北京:人民教育出版社,2013:2-26.

从而弥补1958年将初中一年级的自然地理取消后学生基础知识不足的缺陷。与此同时，世界地理改设在高一，课程学习的内容先是地球概论，即有关普通自然地理基础知识，再进行各洲自然地理和主要国家地理概况的学习，以弥补在高中阶段没有开设地理课程的缺陷。

"文化大革命"期间，中小学地理课程遭到严重破坏，使我国一代青少年基本成为"地理盲"。"文化大革命"过后，1978年颁布的《全日制十年制学校中学教学计划(试行草案)》中规定，将中国地理设置在初一年级，世界地理设置在初二年级。同年，颁布了《中学地理教学大纲(草案)》，其中规定：初一年级的中国地理课程先讲授地球和地图，然后讲授中国地理概况、中国区域地理、本省和本县地理，最后讲授中国的自然资源及其利用；初二年级的世界地理课程先讲授世界地理概况，再讲授各大洲、各大洋和主要国家的地理知识。1981年，教育部颁发了《全日制五年制中学教学计划试行草案的修订意见》和《全日制六年制重点中学教学计划(试行草案)》，规定在高中阶段重新开设地理课程。五年制中学的地理课程设在高一年级，六年制中学的地理课程设在高二年级，主要教授人类和地理环境。如此，小学学习地理常识、初中学习区域地理、高中学习人类和地理环境的新体系就初步形成了。

根据国家1990年颁布的《现行普通高中教学计划的调整意见》和《全日制中学地理教学大纲(修订本)》，中学地理课程做出了相应的调整。高中地理改设在高一，以系统学习人地关系为主，增加了如地球气温上升、臭氧层遭到破坏、酸雨、泥石流等知识，以及当时国内外人文—经济地理的新趋向。另外，高三年级增设地理选修课，以中外区域地理为主：选修课的中国地理部分，主讲中国的基本国情，以及东北区、黄河中下游区、长江中下游区、南部沿海区、西南区、青藏区、西北内陆区的地理特征；外国区域地理则重点讲授日本、新加坡、印度、沙特阿拉伯、埃及、科特迪瓦、英国、法国、德国、俄罗斯、加拿大、美国、巴西、澳大利亚的国家地理知识。1992年修订的《高中地理教学大纲》与时俱进，将这一年在里约热内卢召开的环境与发展大会上通过的

《21世纪议程》"可持续发展"的战略与对策等内容写入大纲。1993年颁布实施的《九年制义务教育初中地理教学大纲》,规定全日制小学、初中实施五四制和六三制的学校,地理均设在初一年级和初二年级,学习地球和地图的初步知识,世界地理和中国地理的基础知识,其中中国地理中也包括了乡土地理,从而使得学生能够了解人与地理环境的关系,并初步具有阅读并运用地图和地理图表的能力。

2001年,《义务教育地理课程标准(实验稿)》在部分地区试行,并于2005年全面推广。《普通高中地理课程标准(实验)》也于2003年公布,并在全国施行。初中地理仍以中国和世界的区域地理为主;高中地理的必修部分仍以系统地理、人地协调和可持续发展为主线,将自然地理、人文地理和区域地理有机地融合在了一起。

2011年,教育部颁布了修订后的《义务教育地理课程标准(2011年版)》,规定了地球与地图、世界地理、中国地理、乡土地理为初中地理课程的四大组成部分。2017年,教育部又颁布了《普通高中地理课程标准(2017年版)》,突破性地建构以地理核心素养为主导的地理课程,并将高中地理课程分为必修、选择性必修和选修三类:必修课程包括两个模块,即地理1、地理2;选择性必修课程包括3个模块,即自然地理基础、区域发展、资源、环境与国家安全;选修课程包括9个模块,即天文学基础、海洋地理、自然灾害与防治、环境保护、旅游地理、城乡规划、政治地理、地理信息技术应用、野外地理实习。2020年,教育部对《普通高中地理课程标准(2017年版)》进行了修订,颁布了《普通高中地理课程标准(2017年版2020年修订)》。

我国的地理课程研究,通常着重对课程目标、课程性质、课程体系、课程实施、课程评价等方面进行探讨。如图1-1,对近十年(2012—2022年)地理课程研究相关的356篇文献的关键词共词网络分析可知,目前的地理课程研究热点包括地理课程标准、地理知识、高中地理、初中地理、地理教学、学习过程、乡土地理等。

第一章 绪 论

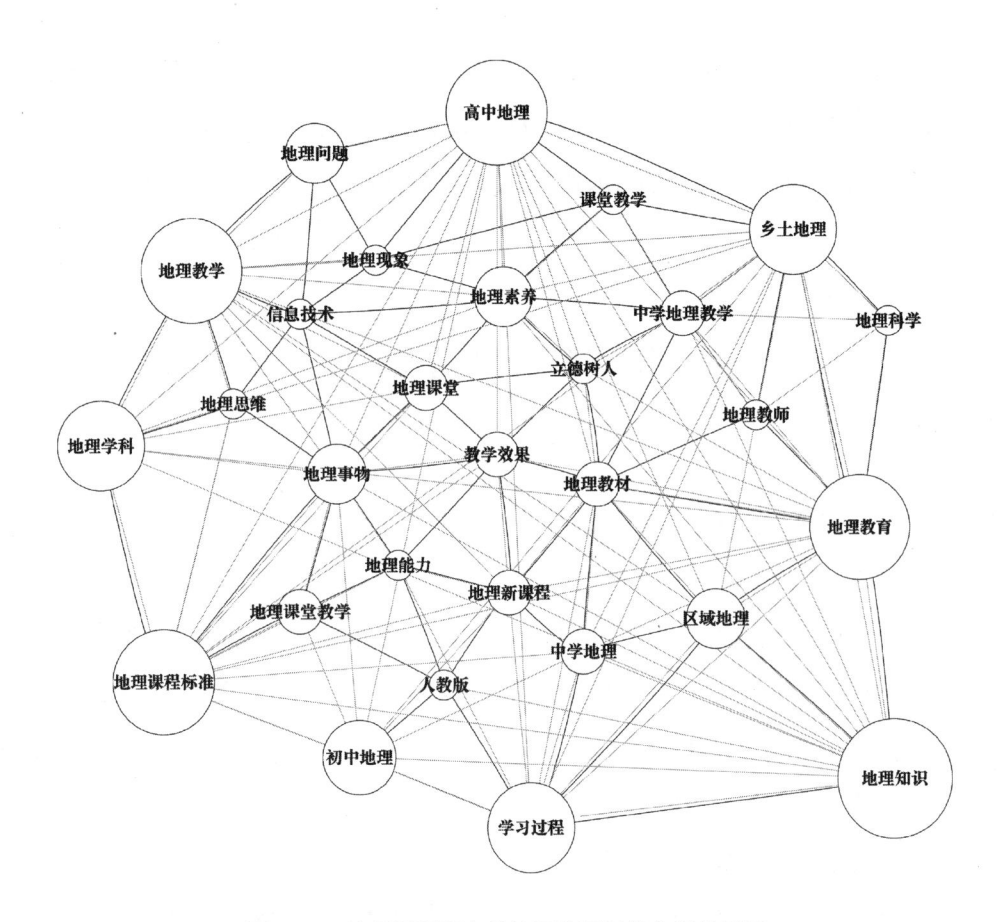

图 1-1 地理课程研究关键词共词网络分析结果图

李家清等关注到了我国地理课程中的知识范式问题,并对其展开研究,认为我国地理课程知识范式自清末开显以来,共经历了三次大的现代化跃进,每一次跃进,均以地理课程知识范式的修订或替换为核心,每个历史时期的地理课程知识范式都与当时社会文化有着契合点与互动关系,形成了特有的课程知识观、知识形态和知识解释方式,并认为未来地理课程将以精神陶冶和人格提升作为价值追求,课程知识形态日趋统整与开放,课程知识解释方式将彰显更为强大的活力与张力。① 李家清等认为西方地理课程知识范式的历史演进呈现

---

① 李家清,户清丽,李文田. 我国地理课程知识范式的现代化演进[J]. 内蒙古师范大学学报(教育科学版),2011(11):34-38.

· 013 ·

迂回曲折却逐步科学化的总体趋势,经历了"描绘世界,求真为本""征服世界,致用为本""理解世界,启智为本""建设世界,向善趋美"的范式转换,而未来地理课程知识范式将致力于求真、致用、启智、向善趋美的和谐统一。①

第三节 研究设计

一、研究思路

本研究的目的并非凭借一种新的方法论工具,构建出全新的地理课程理论。本研究的目的在于将地理课程放置在课程公平的基石之上,采用一种新的理论视角来审视地理课程。

知识问题是教育中的核心问题,因为不论是自我教育还是要教育别人,都必须回答三个基本问题:一是究竟什么是教育的本质;二是怎样进行教育;三是什么样的知识和认识形式限制和规定着使人变得有教养的过程。② 课程是以知识为核心的,这就使得知识问题在课程和教育中有着极端的重要性。知识问题构成了课程问题的基础,然而比知识问题更为重要的,是课程知识观问题。

知识及其变化对课程的影响,最终是经由人对知识的理解来实现的。知识观就是人们对知识的理解及对知识的态度,所以从某种意义上说,不是知识构成了课程的基础,而是人们的知识观构成了课程的基础。③ 因此,人们怎样理解知识,就会有怎样的课程呈现。社会实在论知识观认为,尽管知识是拥有

---

① 李家清,户清丽. 西方地理课程知识范式演进审思[J]. 教育科学研究,2012(5):63-67.
② 刘小枫. 舍勒选集(下)[M]. 上海:上海三联书店,1999:1368.
③ 郭晓明. 课程知识与个体精神自由——对课程知识观一个侧面的哲学审思[D]. 南京:南京师范大学,2003.

第一章 绪 论

社会基础的,但这并不意味着知识就一定会沦为既得利益集团、特定群体或权力关系的工具。知识的社会性并没有对其客观性带来破坏,却是实现知识客观性的必要条件。强调知识社会性和客观性具有内在一致性的社会实在论知识观,提供了平等拥有知识的认知论基础的可能性。① 鉴于此,通过对社会实在论知识观下地理课程知识的选择、组织和传递,形成了为学生提供公平的地理课程的可能性。笔者期望本研究能够丰富对课程公平的研究和理解,并拓展对中学地理课程的思考和想象。本研究的逻辑框架如图 1-2 所示。

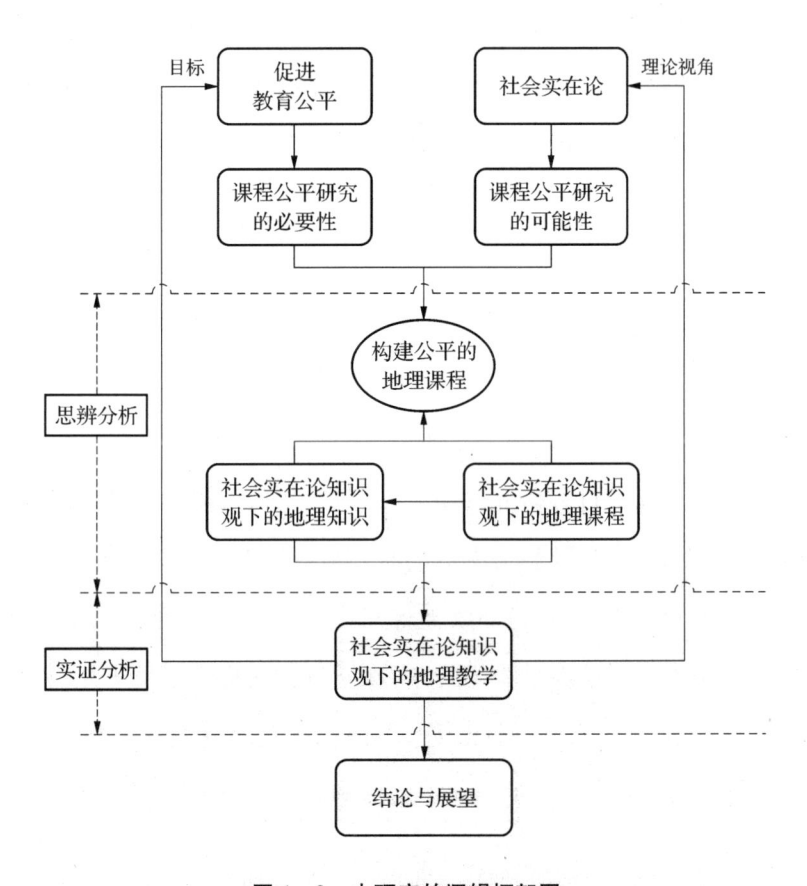

图 1-2 本研究的逻辑框架图

---

① Barrett B, Rata E. Knowledge and the Future of the Curriculum: International Studies in Social Realism [M]. New York: Palgrave Macmillan, 2014: 20.

二、研究方法

根据研究对象和研究问题,本书选择了质性研究中的扎根理论研究方法。

扎根理论(grounded theory)是一种质性研究的方式,是一种研究路径,而不是一种实体的"理论"。[①] 扎根理论是通过搜集和分析质性数据,进而扎根在数据中建构理论。它包括一些系统而灵活的准则,正是基于这些准则,一套基本原则和启发性工具被提供了出来,而不仅仅是概念层面的公式性规则。[②] 对数据的分析产生了所建构的概念,进而形成了理论基础。扎根理论被认为是质性研究中最适合于理论建构的科学的方法之一。[③]

(一) 扎根理论的提出

20 世纪 60 年代早期,在美国的医院中,医护人员很少谈到,甚至很少能够想到那些重病患者的垂死状态以及他们对死亡的看法。社会学家巴尼·格拉斯(Barney Glaser)和安塞尔姆·施特劳斯(Anselm Strauss)敏锐地察觉到对医院中死亡过程研究的缺失。于是,他们的研究团队开始对不同医院环境里的死亡过程及相关人员的状态展开观察。具体来说,就是观察医护人员以及重病患者,在得知或被告知将死的消息时,他们的反应如何。经过对观察数据的系统性分析,格拉斯和施特劳斯得到了关于死亡过程中的社会组织与时间序列的理性分析。由此,扎根理论的雏形得以初现。[④]格拉斯和施特劳斯在他们的著作《扎根理论的发现:定性研究的策略》

[①] 陈向明. 扎根理论的思路和方法[J]. 教育研究与实验,1999(4):58-63,73.
[②] Atkinson P, Coffey A, Delamont S. Key Themes in Qualitative Research: Continuities and Changes [M]. Walnut Creek: Altamira Press, 2003: 69-74.
[③] 叶民. 工程教育 CDIO 模式适应性转换平台的研究[D]. 杭州:浙江大学,2014.
[④] Glaser B G, Strauss A L. Awareness of Dying [M]. New Brunswick: Aldine Transaction, 2005: 16.

(*The Discovery of Grounded Theory: Strategies for Qualitative Research*)中,第一次明确指出了他们在建构关于死亡过程的分析时所形成的系统方法论策略。[①] 格拉斯和施特劳斯并不支持从已有的理论中演绎可验证性的假设这样的研究路径,而是更期望能够运用他们的系统方法论策略,在数据研究的基础上发展理论,进而将他们的方法论策略拓展至社会学领域的其他研究中去。

在20世纪中叶,处于主导地位的实证主义,不断地强调科学方法和知识研究的普遍性、客观性、可重复性以及可证伪性。实证主义方法强调观察者无偏见地、被动地收集事实,而不是创造事实,从而保证了事实与主观价值的分离,进而使得外部存在与观察者及观察者所用方法的分离。秉持实证主义范式的研究者相信单一的方法、科学的逻辑以及客观性,认为研究的目的在于通过对普遍知识的不断积累,找出因果解释并做出预测。这种把人类相对主观的经验转化为客观、可量测的变量的实证主义范式,在给予人类经验以合法性的同时,更倾向于对技术程序、可重复的研究设计与可验证的量化知识的探寻。对实证主义的支持,建立在关于量化方法的假设之上。这种假设包括了系统的观察、可重复的实验、操作化的定义、逻辑化的假设与验证性的证据。而量化方法通常被视为科学的方法。

到了20世纪60年代中期,美国社会科学研究领域的高校系所、学术期刊的编辑委员会和相关基金委员会被崇尚量化方法论的学者所占据,由此使得量化方法日渐占据主导地位。然而,随着量化方法深入地运用,其局限性也表现了出来。量化研究者在具体信息获取的基础上,更多地尝试从逻辑上对从已有理论演绎出的假设进行验证,如此,虽然使已有理论看起来更为精致,但并不能发展已有理论,更难以创造新的理论。在这样的背景下,虽然存在对量化方法的批评,却不能撼动其主导地位,质性研究方法及质性研究

[①] Glaser B G, Strauss A L. The Discovery of Grounded Theory: Strategies for Qualitative Research [M]. Mill Valley: Socialogy Press, 1967: 36-52.

者可谓在夹缝中求生存。于是,质性研究的价值就受到了质疑。特别是在量化研究者看来,质性研究是带有主观偏见的印象、是没有体系的见闻,是不能够重复和验证的,因此他们认为质性研究是不科学的。

格拉斯和施特劳斯可谓逆时代潮流而行。在他们的著作《扎根理论的发现:定性研究的策略》中,格拉斯和施特劳斯并未因为质性研究已经失去其地位而退却,反倒是旗帜鲜明地站在了量化研究的对立面,系统地提出了质性研究的策略。他们认为,与量化研究只演绎理论不同,质性研究按照其自身的分析逻辑,是能够深入社会问题的核心的,既能够解释社会现象和社会过程,又能够建构理论。

(二) 扎根理论研究的实践

对于格拉斯和施特劳斯来说,扎根理论实践的规定成分包括:数据搜集和数据分析同时进行;从数据中而不是从预想的逻辑演绎的假设中建构分析代码和类属;使用不断比较的方法,包括在分析的每个阶段进行比较;在每一个数据搜集和分析的步骤都推进理论发展;通过备忘录来完善类属,详细说明它们的属性,定义类属之间的关系,发现它们之间的缝隙;为了理论建构进行抽样,而不是为了人口的代表性进行抽样;在形成了独立的分析之后再进行文献评述。[1][2][3][4]

《扎根理论的发现:定性研究的策略》通过有力的论证,为作为可靠方法论路径的质性研究正名,使其具有了合法性。格拉斯和施特劳斯让质性研究不再局限于描述,而是期望其进入以解释为主的理论框架之中,并能够对

---

[1] Glaser B G, Strauss A L. The Discovery of Grounded Theory: Strategies for Qualitative Research [M]. Mill Valley: Sociology Press, 1967.

[2] Glaser B G. Theoretical Sensitivity [M]. Mill Valley: Sociology Press, 1978.

[3] Strauss A L. Qualitative Analysis for Social Scientists [M]. Cambridge: Cambridge University Press, 1987.

[4] [美]凯西·卡麦兹. 建构扎根理论:质性研究实践指南[M]. 边国英,译. 重庆:重庆大学出版社, 2009: 6.

研究对象进行概念性与抽象性的理解。在格拉斯和施特劳斯看来,研究要始于数据、从数据开始,但与此同时,保证数据的质量也是尤为重要的;在此基础上,通过系统地分析,提高概念水平,结合研究者的观念视角,形成新的理论。这样的实践有助于增强研究的分析力度,并且能够帮助研究者控制研究过程。[1][2] 格拉斯和施特劳斯认为,一个完善的扎根理论的标准是:与数据契合,具有概念深度,经受住时间的考验,可调整,具有解释的力度。[3]

扎根理论源于哥伦比亚大学的实证主义,以及芝加哥学派的实用主义及田野研究这两个社会学中既互相矛盾又彼此竞争的传统。其中,格拉斯借鉴了哥伦比亚大学保罗·拉扎斯菲尔德(Paul Lazarsfeld)和罗伯特·墨顿(Robert Merton)的量化编码方法和中层理论(middle-range theories),而施特劳斯则借鉴了芝加哥学派赫伯特·布卢姆(Herbert Blumer)和罗伯特·帕克(Robert Park)的符号互动论(symbolic interactionism)和民族志研究。[4]

具体来说,格拉斯借鉴了拉扎斯菲尔德量化研究使用的编码,并将其运用到了质性研究中,形成了质性研究方法的编码。他在哥伦比亚大学跟随拉扎斯菲尔德所学习的量化方法,深刻地反映在了扎根理论方法的认识论假设、逻辑和系统方法中。[5] 格拉斯也提倡建立包括具体社会现象的抽象表现与扎根于数据的中层理论。[6] 这样的中层理论是建立在对数

---

[1] Charmaz K. Loss of Self: A Fundamental Form of Suffering in the Chronically Ill [J]. Sociology of Health & Illness, 1983, 5(2): 168-195.

[2] Charmaz K. "Discovering" Chronic Illness: Using Grounded Theory [J]. Social Science and Medicine, 1990, 30(11): 1161-1172.

[3] Glaser B G. Basics of Grounded Theory Analysis: Emergence Vs. Forcing [M]. Mill Valley: Sociology Press, 1992: 95.

[4] Park R E, Burgess E W, Mckenzie R D. The City [M]. Chicago: University of Chicago Press, 1968.

[5] Lazarsfeld P F, Rosenberg M. The Language of Social Research: A Reader in the Methodology of Social Research [M]. Glencoe: The Free Press, 1955: 45-49.

[6] Merton R K, Rossi A S. Social Theory and Social Structure [M]. New York: The Free Press, 1968.

据系统分析的基础之上的,与当时绝大多数宏大的社会学理论不同,它是一种生成的发现,是深深地沉浸在严格编码之中的。格拉斯的著作《理论敏感性》(*Theoretical Sensitivity*)提供了关于这一方法最为清晰的早期陈述。[1]

施特劳斯把诸如生成过程、问题解决、社会主观意义、行动者等符号互动理论的概念引入扎根理论之中,这是深受芝加哥学派影响的表现之一。施特劳斯在芝加哥大学学习时,所接受的是实用主义的哲学传统,而符号互动理论正是这一传统有代表性的理论视角。赫伯特·布卢姆认为,社会、现实与自我是通过互动建立起来的,并依赖语言和沟通且动态的、解释性的互动,可以用来解释人们的行动,例如创造和改变等。[2] 与此同时,在芝加哥学派民族志研究的影响下,施特劳斯形成了过程是人类存在基础的观点,认为结构是在人类参与过程中形成的,而主体性通过行动表现出来并依赖于我们的语言。

在关于扎根理论的经典陈述出现之后,格拉斯和施特劳斯在后续对扎根理论进行运用时,开始走向了不同的方向。[3][4][5] 格拉斯仍然与他早期对该方法的解释保持一致,即依赖于直接的、常常是狭隘的经验主义,把类属当作从数据中生成的,把扎根理论定义为一种发现的方法,去分析基本的社会过程。施特劳斯则在他与朱丽叶·科尔宾(Juliet Corbin)合作的著作中向实证方向

---

[1] Glaser B G. Theoretical Sensitivity [M]. Mill Valley: Sociology Press, 1978.
[2] Blumer H. Symbolic Interactionism: Perspective and Method [M]. Berkeley: University of California Press, 1986.
[3] Glaser B G, Strauss A L. The Discovery of Grounded Theory: Strategies for Qualitative Research [M]. Mill Valley: Sociology Press, 1967.
[4] Glaser B G. Theoretical Sensitivity [M]. Mill Valley: Sociology Press, 1978.
[5] Denzin N K, Lincoln Y S. Handbook of Qualitative Research [M]. London: Sage, 2000: 509-535.

发展。①②③

在20世纪60年代,格拉斯和施特劳斯开始反抗实证主义量化研究的主导地位。具有讽刺意味的是,到1990年,量化研究者接受了扎根理论,不但因为扎根理论具有实证主义的假设,而且具有相当的精确度。量化研究者有时在需要复杂方法的项目中也会用到扎根理论。扎根理论方法的灵活性和合法性继续吸引着对有不同理论和实践感兴趣的质性研究者。

从搜集数据开始,以写作关于整个过程的分析和反思为结束,这呈现了线性的扎根理论逻辑。然而实际上,研究过程并不是线性的。无论什么时候有新的想法涌现,扎根理论家都会停下来把这些想法记录下来。最好的一些想法可能会在这个过程的最后出现,并吸引我们回到研究现场开展更进一步的观察。可能在最初关注某些特定的想法,完成关于这一想法的论文或项目,但后来又返回到数据中,开始其他领域未完成的分析。扎根理论方法作为研究者实践的一门手艺,像任何手艺一样,实践者所重视的方面虽然各不相同,却存在着一些共性(见图1-3④)。

---

① Strauss A L. Qualitative Analysis for Social Scientists [M]. Cambridge: Cambridge University Press, 1987.
② Corbin J M, Strauss A. Grounded Theory Research: Procedures, Canons, and Evaluative Criteria [J]. Qualitative Sociology, 1990, 13(1): 3-21.
③ Strauss A L, Corbin J M. Basics of Qualitative Research: Grounded Theory Procedures and Techniques [M]. Thousand Oaks: Sage, 1998.
④ [美]凯西·卡麦兹. 建构扎根理论:质性研究实践指南[M]. 边国英,译.重庆:重庆大学出版社, 2009: 14.

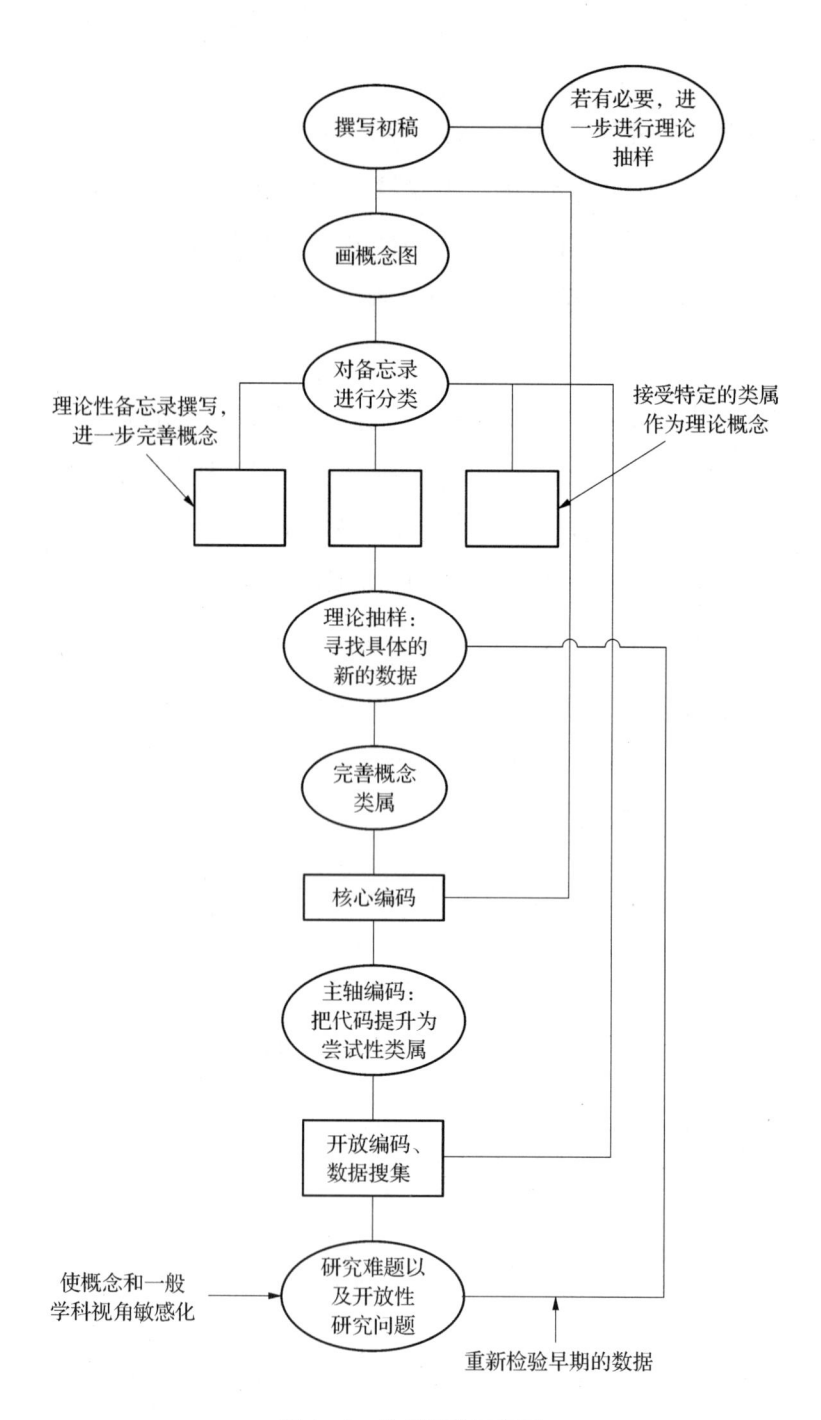

图 1-3 扎根理论过程图

第二章　课程社会学中的
社会实在论转向

什么是有教育价值的知识？从学校获取的课程知识和从家中、社区和工作场所获取的常识知识之间的显著差异是什么？直到20世纪70年代，这些问题的答案，或被教育社会学家和课程研究者想当然地视为现有教育体系的一部分，或被认为是留待哲学处理的议题。社会学关注的重要议题之一是分配问题，特别是对各种形式的选择性教育和社会阶级不平等现象持续存在的关注。[1] 为什么向高级中学和高等教育发展的机会被限制在少数人身上？这些在大众教育体系中长期存在的不平等现象如何得以解释、减少或者克服？

关于"教育是什么"，以及学生能够获取哪些知识或不能获取哪些知识是不容置疑的，至少对社会学家而言是毋庸置疑的。人们想当然地认为，学校知识和非学校知识一向是不同的。随着《知识与控制：教育社会学新探》（*Knowledge and Control: New Directions for the Sociology of Education*）[2]和《意识形态与课程》（*Ideology and Curriculum*）[3]的出版，上述情况开始发生变化，至少在教育研究领域是这样的。这些书带来了对传统的将学校知识和非学校知识分离的质疑，认为课程以及其对知识的选择和结构化不需要而且确实不应该被当作既定的，它们随后被称为"新教育社会学"和"批判课程研究"。

---

[1] Jencks C. Inequality: A Reassessment of the Effect of Family and Schooling in America [M]. London: Allen Lane, 1975: 21-45.

[2] Young M F D. Knowledge and Control: New Directions for the Sociology of Education [M]. London: Collier Macmillan, 1971.

[3] Apple M W. Ideology and Curriculum [M]. London: Routledge Falmer, 2004.

这些书中的观点认为，无论是校内还是校外，均须从权利、政治和意识形态的角度去理解课程。更为重要的是，其展示了关于知识和课程的问题如何可以被视为"政治的"。新教育社会学为教师和教育研究者提供了质疑现有课程的工具，去发展更为民主的、能够反映更广泛人群需求和利益的课程形式。然而这种发展在高校教育学院内外引发的反对和支持也并不让人感到意外，因为关于现代社会最基本的假设基本均处于被质疑之中。正如当时许多教师所言，在20世纪70年代，学习教育社会学是一种改变思想的经历。

与其他社会科学一样，教育社会学作为一个知识领域，仍处在一个模棱两可的位置。它声称它拥有扎实理论和实践基础，能够用来解释教育问题，故而得到了教师和政策制定者的重视。然而，正如曾对社会学的评论一样，社会科学中的理论从来不只是解释，它们总是关涉某些更好可能性的愿景。[①]不平等就是这样一种所有教育体系都拥有的特征，使得对现有教育结构的批判，凌驾于对理论的寻找和测试这一有难度却不过分的政治任务之上。这就是很多新教育社会学者在20世纪70年代倾向于做的事情，但作为社会科学家，在不丧失愿景的同时，他们应该能够做得更好。

从愿景到理论的转变，虽说在某种程度上是对社会学家在思维上的限制，故而被20世纪70年代的新教育社会学所摒弃，而在现在的立场上回溯，似乎是过于天真和一厢情愿的。这些限制中有两个约束条件——可以称其为现实或真理——是任何课程社会学研究者都无法规避的。第一，就是学校教育，或者从更广义的层面上讲就是正规教育，涉及将知识从上一代传递给下一代。这必须成为教育社会学的前提，而不是像20世纪70年代那样，将此视为一个需要辩论甚至抵制的议题。第二，就是课程中的知识传递会随着时间而变化，且这些知识不是既定的（given）或者不受质疑的。这就使得对课程选择施加限制，应该成为新教育社会学需要确定的任务。可是，新教育社会学

---

① Alexander J C. Fin de Siècle Social Theory: Relativism, Reduction, and the Problem of Reason [M]. London: Verso, 1995: 13-16.

却反其道而行之，将课程知识视为社会建构的现实。如此一来，如果科目或者学科的知识结构成为平等的障碍，那么它们就能够总是处于变化中了。随之而来的问题就不仅仅是理论的了。过于社会化的知识观导致了课程的过于政治化和工具化，认为课程总是可以随着政治目的的变化而变化。过于关注课程知识结构的社会建构以及使它们变化的政治因素[①]，使得教育社会学偏离了识别知识结构本身的社会基础这一原本的核心。

在反思发迹于20世纪70年代新教育社会学的课程社会学的过程中，笔者发现有两种对课程社会学未来发展至关重要的理念至今仍被忽略，它们分别是课程中知识的结构分化和知识的制度性。这两种理念均长期处于社会理论的核心，特别是起源于法国社会学家爱弥尔·涂尔干（Émile Durkheim）的这条线索。[②③] 早期课程社会学研究并未对上述理念给予足够的重视，而是注重它们的多样化，并越来越多地涉足性别和种族的身份认同领域。课程内不同知识领域之间、理论知识和实践知识之间、课程知识和日常知识之间的结构差异，遭到了新教育社会学的抵制甚至否定，相关学者认为这些结构差异掩盖了其背后的权力关系，且似乎正在妨碍更具包容性和参与性课程实现的可能。然而，这些知识结构的差异，也许正是学习和创造新知识的条件。课程作为一种独立于教师和学生活动的社会"制度"的理念，被认为只有保守意义。因此，这就使得诸如课程或者科目这样的制度，它们作为表征获取某种类型知识所需的条件被回避了。也正是基于此，课程社会学出现了对社会建构主义的超越，转向了社会实在论。

---

① Whitty G, Young M F D. Explorations in the Politics of School Knowledge [M]. Driffield: Nafferton, 1976: 76-83.

② Lukes S. Émile Durkheim: His Life and Work: A Historical and Critical Study [M]. Harmondsworth: Penguin, 1992.

③ Young M, Muller J. Truth and Truthfulness in the Sociology of Educational Knowledge [J]. Theory and Research in Education, 2007, 5(2): 173-201.

第一节　源于新教育社会学的课程社会学

一、课程社会学的发展历程

社会学本身就是对工业化和城市化经验的回应，这些经验推动了从"传统"经济与社会向"现代"经济与社会的转变。如何在社会迅速变化的情况下维持社会秩序便受到了持续的关注，这也是现代社会学奠基人之一的爱弥尔·涂尔干（Émile Durkheim）所关注的问题。例如学校这样的"机构"，在社会秩序再生产方面扮演了怎样的角色，这一重要问题就处在了讨论的核心位置。

第二次世界大战之后的一个时期，美国、英国、澳大利亚和新西兰等国家被这样的社会民主共识所主导——认为入学的增加是增强社会流动性和提供平等机会的有效手段。由此带来了对教师拥有控制课程和教学权力的广泛接纳，同时也带来了对进步主义的教育原则和对所有儿童潜在教育能力信念的广泛接纳。社会学在这一社会改革进程中发挥了重要作用，教育社会学家在"政治算术"和"地位维持"的传统范围内工作，他们的目的在于收集数据和评估各国政府在实现平等目标方面的进展情况。正如巴兹尔·伯恩斯坦（Basil Bernstein）总结的那样：20 世纪 50 年代的辩论集中在学校的组织结构、智力测量的社会起源及其与成就的关系等更为广泛的人力需求和社会平等问题上。[①]

然而，当伯恩斯坦写下这些话时，社会学和教育社会学均缺乏地位和组

[①] Bernstein B. Class, Codes and Control, Volume III - Towards a Theory of Educational Transmissions [M]. London: Routledge and Kegan Paul, 1975: 140.

织基础。例如,在英国,除了伦敦经济学院(London School of Economics)和莱斯特大学(University of Leicester),其他大学是没有社会学系的。而在当时,也仅有两名主要的社会学家从事教育社会学研究和系统的教学——珍·弗拉德(Jean Floud)和哈尔西(A. H. Halsey)。他们以结构功能主义的路径发展了教育社会学这门学科,认为教育是整个社会运作的一个部分。结构功能主义最初是在英国人类学研究领域通过布罗尼斯拉夫·马林诺夫斯基(Bronislaw Malinowski)和拉德克里夫-布朗(A. R. Radcliffe-Brown)等研究人员的工作得以发展的,并在一段时间内主导了社会学领域,尤其被美国学者塔尔科特·帕森斯(Talcott Parsons)采用之后。伯恩斯坦认为对功能主义的强调,确保了那时的教育社会学"具有英国应用社会学的特征:理论性、实用性、描述性和政策性"[①]。

正是这种应用的特征给予教育社会学以"管辖权",使得其拥有对学校教育过程发表意见和做出判断的能力。然而,随着允许教育扩张的经济和社会政治条件在恶化,一系列对"旧"教育社会学的批判出现了,给人以每个人毫无疑问地在社会这个有序的功能系统中扮演着被分配角色的印象。这表征了一种对社会和教育角色的理想化看法,它越来越不能真实地反映学校实际的运作情况。"旧"教育社会学的技术官僚人员似乎与这个边界正在被打破的社会格格不入。

在这样的背景下,"新"教育社会学应运而生。新的社会学视角——包括马克思主义的、现象学的、符号互动主义的和人种志的方法——对在美国发生的"个人主义转向"和个人成就、社会流动性、学校效应的量化进行了回应,并由此获得了一定的影响力。这一阶段的社会学,将人类视为意义的创造者,关注微观而非宏观,研究社会秩序的基本假设并试图"问题化"社会分类,

---

① Bernstein B. Class, Codes and Control, Volume III - Towards a Theory of Educational Transmissions [M]. London: Routledge and Kegan Paul, 1975: 141.

不信任量化，着重对社会的解释而非简单的描述。① 由此，出现了对社会控制的担忧，亦即对学校这种服务于社会不平等再生产的组织方式的担忧。麦克·扬（Michael Young）在《新社会》（*New Society*）上发表的对马腾·希普曼（Marten Shipman）所著《学校社会学》（*The Sociology of the School*）的书评，很好地表明了"旧"教育社会学和"新"教育社会学的区别：关于社会学家试图去做什么，这本书呈现给读者的是片面的和误导的理念……希普曼的社会学理念，在社会学领域也是过于普通的，让人忍俊不禁地去怀疑有这样一本书是否比没有这样一本书更糟糕呢……认为组织是有目标的，独立于组成它们的各种团体和个人的目标之外，这是存在于传统智慧之中的错误观念。②

麦克·扬对马腾·希普曼的观点提出批评，他认为组织本身具有独立于构成组织的个体和社会团体的目标，这些个体和社会团体可能有自己的价值观、政治观和抱负，但实际上强大的组织是能够将其愿景施加给他人的。教育社会学家的任务被认为是进入学校和课堂的"黑箱"，去理解知识的政治性。这就是后来被视为新教育社会学"奠基"文本《知识与控制：教育社会学新探》所持的立场。③ 新教育社会学指出，不能假定学校教育本身就是一件"好事"。事实上，教育改革的经验并没有表明这一点，在20世纪70年代中期，谈论学校教育"危机"已成为跨越政治派别的一种惯例。值得注意的是，当时的英国学者和美国学者有着类似的观点——《知识与控制：教育社会学新探》启发了"再概念主义"的学校课程理论。④⑤

受路易·阿尔都塞（Louis Althusser）的《意识形态国家机器》（*Ideological*

---

① Pearson G. The Deviant Imagination: Psychiatry, Social Work and Social Change [M]. London: Macmillan, 1975.
② Young M. Book Review [J]. New Society, 1968, 303(12): 22.
③ Young M F D. Knowledge and Control: New Directions for the Sociology of Education [M]. London: Collier Macmillan, 1971.
④ Apple M W. Ideology and Curriculum [M]. London: Routledge Falmer, 2004.
⑤ Pinar W F. What is Curriculum Theory? [M]. London: Lawrence Erlbaum Associates, 2004.

State Apparatuses)的启发①,新教育社会学迅速卷入了新马克思主义者(neo-Marxists)的作品所引发的辩论之中。"进步"的教育者似乎没有多少回旋的余地。当时,维持教育扩张的经济条件正在发生变化,越来越多的人认为"教师"构成了一个需要国家控制的问题。因此,当《社会、国家和学校教育:激进教育的可能性解读》(*Society, Sate and Schooling: Readings on the Possibilities for Radical Education*)于 1977 年发表时,②作者对通过教师干预而改变课堂上所教授知识性质的潜力感到悲观,并预测将会出现一个国家定义知识的时代。

这些关于新教育社会学的辩论,多是由左派或进步派所主导的。他们从文化左派和新左派那里寻找灵感并建立联系。而新教育社会学是与关于教学和学校教育的辩论相联系的,它在师资培训学院中拥有着主要的制度基础。这是一个问题点,特别是基于下述背景:第一,在校人数自 20 世纪 70 年代中期开始下降;第二,师资培训的危机带来了裁员;第三,社会学作为一门学科受到了意识形态的攻击。因此,教育社会学自 20 世纪 80 年代起又一次走上了新的发展方向。一方面,其转向了将教育社会学定位至文化研究领域,这完全符合了皮埃尔·布尔迪厄(Pierre Bourdieu)所偏爱的方法。1984 年,他的著作《区分:判断力的社会批判》(*Distinction: A Social Critique of the Judgement of taste*)被翻译为英文出版,这本书激发了人种志研究的灵感,使种族、民族、性别文化得到关注。另一方面,其转向了将教育社会学定位至政策社会学领域,但结果表明,政策导向的教育社会学研究对教师和课程开发人员的影响不那么明显。

这些转向确保了教育社会学的研究受到社会理论和文化研究理论发展的有力影响。而社会理论和文化研究以法国和德国的文化理论为参照,在由

---

① Althusser L. Lenin and Philosophy, and other Essays [M]. New York: Monthly Review Press, 2001: 121-176.

② Young M, Whitty G. Society, State and Schooling: Readings on the Possibilities for Radical Education [M]. Ringmer: Falmer Press, 1977.

建构主义哲学清理出的注重立场和关系结构的空间中运作。这些研究的大多数都难以转化并应用到学校和课堂环境中,其结果使得课程研究本身发生了变化,转向了批判教育学。越来越多的学者认为,教学中的知识是相对的,而且学校设置的科目是任意的。尽管可以看到广泛的转变,但教育社会学仍缺乏渐进式的发展,该领域的研究主体过去是,现在仍然是"不连续的,在许多方面都是非累积的贡献"[1]。

社会实在论的提出是对上述发展的一种回应。罗伯·摩尔(Rob Moore)的论文《回到未来:教育社会学的变革问题与发展的可能性》("Back to the Future: The Problem of Change and the Possibilities of Advance in the Sociology of Education")是对这一观点的早期论述。[2] 接着,他和约翰·穆勒关于"声音的话语"的论文,批判了教育社会学中将知识简化为经验和将真理视为仅仅代表社会主流群体利益的倾向,并批判了麦克·扬所提出的"当权者的知识"。[3] 这引起了麦克·扬的回应[4],他支持摩尔和穆勒的努力,但他认为他们的立场暗示了知识社会学没有必要发挥作用,而他认为知识社会学对于任何教育研究都是必不可少的。随后围绕知识开展的一系列辩论[5][6][7],使得教育社会学领域中对知识的关注得以强化。尽管如此,教育社会学这门学科仍然被对身

---

[1] Barr R, Dreeben R. How Schools Work [M]. Chicago: University of Chicago Press, 1983: 179-186.

[2] Moore R. Back to the Future: The Problem of Change and the Possibilities of Advance in the Sociology of Education [J]. British Journal of Sociology of Education, 1996, 17(2): 145-161.

[3] Moore R, Muller J. The Discourse of "Voice" and the Problem of Knowledge and Identity in the Sociology of Education [J]. British Journal of Sociology of Education, 1999, 20(2): 189-206.

[4] Young M F D. Rescuing the Sociology of Educational Knowledge from the Extremes of Voice Discourse: Towards a New Theoretical Basis for the Sociology of the Curriculum [J]. British Journal of Sociology of Education, 2000, 21(4): 523-536.

[5] Moore R. For Knowledge: Tradition, Progressivism and Progress in Education-Reconstructing the Curriculum Debate [J]. Cambridge Journal of Education, 2000, 30(1): 17-36.

[6] Muller J. Reclaiming Knowledge: Social Theory, Curriculum and Education Policy [M]. London: Routledge Falmer, 2000.

[7] Moore R, Young M. Knowledge and the Curriculum in the Sociology of Education: Towards a Reconceptualisation [J]. British Journal of Sociology of Education, 2001, 22(4): 445-461.

份政治和社会公平的担忧所主导,而这里所指的社会公平,其基础是确保所有学生通过课程学习"认识"自己和自己的生活。摩尔认为,究其原因,这或许也并不难理解——教育话语的默认设置将进步主义与松散的认识论联系起来,而对知识的辩论已被如提出核心知识的赫希(E. D. Hirsch)这样的保守派人士所利用。

二、课程社会学的研究对象

1971年,《知识与控制:教育社会学新探》提出了教育社会学的新定位,从过去对教育机会分配的关注转变为对知识和课程问题的关注。这是对爱弥尔·涂尔干洞见的迟来的认可,涂尔干认为文化传递的过程处于现代社会正规教育的核心。[1] 对社会学家来说,课程文化和不同群体的学生从家中、同伴和社区获取的并带入学校的文化之间的非连续性,是一个关键问题。这种文化非连续性的社会阶级基础,在巴兹尔·伯恩斯坦(Basil Bernstein)的语言符码研究[2]和皮埃尔·布尔迪厄(Pierre Bourdieu)的文化资本概念研究[3]中被首次分析。然而,当时教育社会学研究被分裂为两个部分:一是关注影响不同社会阶层儿童成就差异的社会因素,但它并没有关注到课程;二是关注指出学校课程社会分配效应的新教育社会学,但它并没有关注到家庭和学校之间的文化非连续性。如果承认学校是知识传递的关键角色,那么就必须假定某些类型的知识比其他类型的知识更有价值,并且假设这种知识的差异构成了学校或课程知识与非学校知识差异的基础。如果学校试图通过修改课程以迎合在校学习的学生所带来的文化,那么学校就不能够发挥其文化传播的作用。

---

[1] Durkheim É. Education and Sociology [M]. New York: The Free Press, 1956.
[2] Bernstein B. Class, Codes and Control, Volume Ⅰ- Theoretical Studies towards a Sociology of Language [M]. London: Routledge and Kegan Paul, 1971.
[3] Bourdieu P, Passeron J C. Reproduction in Education, Society and Culture [M]. London: Sage Publications in Association with Theory, Culture and Society, 1990.

基于对上述问题的反思，人们开始关注知识分化问题，并对当权者的知识和强有力的知识这两种理念间加以区分。当权者的知识是由社会中的知识获取者来定义的，其源自"任何时候的统治思想都是统治阶级的思想"[1]。可以理解的是，许多对学校知识的社会学批判，尽管不是很严谨地借鉴了马克思主义的观点，却将学校知识和课程等同于当权者的知识。然而，某些知识是当权者的知识或"高地位"知识，[2]这一事实并没有告诉我们关于知识本身的任何信息。为了探究课程中的知识分化，就需要引入"强有力的知识"这一概念。强有力的知识涉及知识可以做什么，即它能够给予那些有机会获取它的人们以何种智性力量。强有力的知识提供了更为可靠的解释以及新的思维方式，获取强有力的知识可以为学习者提供参与政治、道德和其他讨论的语言。在现代社会，强有力的知识是越来越专门化的知识，从这个角度来看，学校教育应是提供获取不同知识领域的专门知识的途径。由此带来了对以下关键课程问题的关注：不同形式专门化知识间差异及联系是什么，这种专门化知识和人们在生活中获取的常识有何区别，专门化知识和日常生活中所获取的知识间有何联系，如何教授专门化知识。

在这些差异的背后，是两类知识更为基本的差别。一类知识是，人们在日常生活中获取的语境黏连知识。语境黏连知识可以是很实用的，例如如何修理机械或电气故障，或者如何在地图上找到路线。语境黏连知识的获取是伴随在成长过程中的，它可以用来处理日常生活中出现的琐碎问题，但它并不能提供超越琐碎问题的可靠基础。另一类知识是语境独立知识。这是一种概念上的知识，它与特定的语境无关，因此为概括和寻求普遍性提供了基础。与语境黏连知识不同，语境独立知识为超越琐碎问题进而超越个人经验提供了可靠的基础，且语境独立知识通常是经由专家社群编纂、测试

---

[1] Marx K, Engels F. The German Ideology [M]. Moscow: Progress, 1976.
[2] Young M F D. The Curriculum of the Future: From the "New Sociology of Education" to a Critical Theory of Learning [M]. London: Falmer Press, 1998.

和阐述的知识。然而,语境独立知识是不能够在家庭和社区中获取的,它的获取需要学校中的结构化课程、具备专门化知识的教师的帮助,和与能够对课程内容进行选择、定速、排序的大学的联系。这种语境独立知识,即强有力的知识。

不可避免地,学校也不总能够成功地使学生获取强有力的知识。同样,有些学生比其他学生更易习得强有力的知识。学生的学业成就部分取决于教师的教学和科目知识,部分取决于学生带入学校的文化。相较处于劣势和从属地位的文化,不那么受生活物质需求约束的精英文化更符合获取语境独立知识的条件。基于语境独立知识分配课程,意味着学校必须审慎地对待课程的知识基础,即使这似乎与学生的直接需求相违背。教师需要思考这样一个问题——所教的课程是否成为学生获取强有力的知识的途径?来自劣势家庭背景的孩子,积极投入学校的学习中或许是他们获取强有力的知识并至少在智力层面超越特定环境的唯一机会。因此,围绕学生个人经验或语境黏连知识构建课程,并不能为学生提供有效的帮助。学校知识和非学校知识的结构分化理念,为课程社会学提供了一个原则性的基础。然而,它本身并不足以作为教学理论的基础,所以需要教师设法使学生能够超越他们带入学校的非学校知识,这个过程可以被描述为学校知识和非学校知识的"再语境化"。

知识分化是课程社会学中必不可少的一个概念,它为教育社会学提出了一个新的议程。首先,根据学校的内在结构,例如科目的划分,以及学校的外在结构,例如学校和学术知识生产社群、学校和本地社区、学校和国家之间的边界,去识别学习者获取强有力的知识的条件。其次,教育社会学需要探索专家教师所参与的基于大学的不同网络和协会,而正是这些协会将能为不同领域的知识选择、定速、排序和相互联系提供语境。再次,教育社会学需要解决学校作为知识传递者这一传统角色,和学校被期望成为灵活及时应对全球压力者之间的紧张关系。允许学生从一系列模块中建构出他们自己的课程,至少破坏了对知识的选择、定速、排序这一科目学习的条件。激进教育者和一些教育社会学家过去倾向于假设,若要变得更为民主,学校必须对外部压力,尤其是来自劳工运动的压力,做出更为积极的反应。然而,这样的发展可能会带来对教师的专门知识的贬低和对学校教育的政治化。

第二节 转向社会实在论

社会实在论的立场,是承认知识是易谬的和社会的,但同时知识也是具有生成特征,且是可以根据其真实性和解释能力来判断的,而不仅仅是根据谁生产了知识或谁能从知识中获益来判断。这意味着,关注的焦点由"谁的"知识转向了"什么"知识。社会实在论将知识置于教育考量的中心位置,将它们恢复为"社会实践领域的教育基础"。[①]

一、存在诸多问题的社会建构主义

要给出社会建构主义"问题何在?"的答案,我们首先要承认这样一个前提,即新教育社会学及其社会建构主义假设,尽管存在严重的缺陷,却也是为围绕课程展开的辩论建立社会学基础的重要尝试。相较于英国对博雅教育理念不加批判地接受[②]和当时在美国盛行的技术主义传统课程理论[③],社会建构主义毫无疑问地代表了一种进步,但它并没有为另一种课程选择提供可靠的

[①] Maton K, Moore R. Social Realism, Knowledge and the Sociology of Education: Coalitions of the Mind [M]. London: Continuum, 2010: 2.

[②] Hirst P H, Peters R S. The Logic of Education [M]. London: Routledge Falmer, 1989.

[③] Apple M W. Ideology and Curriculum [M]. London: Routledge Falmer, 2004.

基础，它也没有为论述课程在实践中如何变化提供充分的理论。为何会如此呢？

首先，重要的是要认识到，出现在20世纪70年代的社会学方法下的知识和课程研究，以及作为研究基础的社会建构理论，在某种程度上既不是初现地也不是孤立地发展。尽管当时声称是新奇的，但认为所有知识在某种程度上均是人类活动产物的看似激进的观点，其实并不新鲜，它含蓄却明确地导致人们对客观知识的可能性产生怀疑。它发迹于古希腊的诡辩家和怀疑论者，并在18世纪早期对自然科学霸权挑战中获得了新生[1]并延续至今。同样，在当时的社会科学和人文科学的每一门学科中都可以找到相似的观点。换言之，这既涉及所谓的新教育社会学内容，又涉及时代背景。

社会建构主义理念所应用的教育语境，以及假定课程与教学的教育现实是社会建构的而且教师几乎可以随意改变它们已得出的特定结论，[2]是新教育社会学中存在的"新"内容。

对于社会建构主义者而言，我们怎样看待这个世界、我们的经验以及任何关于"这个世界是怎样"的概念，是没有区别的。由此，现实本身是社会建构的这一理念，在教育社会学中有两种密切关联的含义。第一，它为对任何政治的、社会的、制度的、文化的既定或固定形式的挑战提供了基础。对既定的挑战适用于一般意义上的科学或知识，就像适用于传统上由社会学家研究的社会规则、社会惯例和社会制度。第二，它把任何形式的既定均视为任意的，并且在不同的社会协定中，有改变的可能。因此，只要既定的形式继续存在，就可以假设它表达了某些群体的政治、经济或文化利益。建构主义者和实在论者的区别不可避免地过于简化。他们之间主要的区别在于建构主义者声称唯一的现实就是，在我们的认知之外没有任何现实。而令人费解的

---

[1] Berlin I, Hardy H. Three Critics of the Enlightenment: Vico, Hamann, Herder [M]. London: Pimlico, 2000: 147-153.

[2] Gorbutt D. Education as the Control of Knowledge: The New Sociology of Education [J]. Education for Teaching, 1972, 89: 3-12.

是,这带来了非决定论和决定论的结合。

教育研究领域中的社会建构主义,存在一系列不同的观点,它们几乎没有共同点,有时甚至是互相矛盾的。在不同的时代,不同的理论和传统被吸收进来。在教育社会学领域内,至少自20世纪70年代早期起,社会建构主义吸收了现象学和人种志、符号互动主义、折中社会建构主义、文化人类学、新韦伯主义社会学、批判马克思主义的主要观点。以皮埃尔·布尔迪厄(Pierre Bourdieu)的新韦伯主义社会学为例,它认为揭示任意性是社会学的核心问题。上述理论的共同点,被理解为一种社会简化论形式。由于一切均是社会的,社会学分析可以应用于一切并对一切进行解释,即便社会学家对"社会是什么"持有不同的意见。在20世纪80年代,上述理论传统被扩展到话语和文学理论。然而,简化论的逻辑依旧存在。

教育在某种意义上是社会建构主义理念的一个特殊案例,甚至可以说是一个理想案例。这在一定程度上反映了教育研究理论的相对薄弱,因此它对任何新出现的理论均持开放态度,或者说是无法拒绝。故而,课程社会学和教育现实是社会建构的理念,对通常是专制的、官僚的和等级森严的学校教育世界有着相当独特的吸引力。这极易带来对现有学校知识、科目和学科,及它们在课程标准中常见表达的挑战。[1][2] 更为根本的是,社会建构主义挑战并揭露了它所认为的正规教育的任意性,例如智力、能力和成就,甚至是学校本身。[3] 如果社会建构主义能够揭示规则和制度的任意性,这就使得它们对变化有着潜在的开放性,即便是社会建构主义也不能预测如何改变以及变成什么。

---

[1] Young M F D. Knowledge and Control: New Directions for the Sociology of Education [M]. London: Collier Macmillan, 1971: 133 - 160.

[2] Whitty G, Young M F D. Explorations in the Politics of School Knowledge [M]. Driffield: Nafferton Books, 1976: 75 - 94.

[3] Keddie N. Tinker, Tailor: The Myth of Cultural Deprivation [M]. Harmondsworth: Penguin Education, 1973: 26 - 31.

第二章　课程社会学中的社会实在论转向

为什么这些理论在教育研究中获得了如此大的影响力,但后来又极易受到批判和否决?这种最初支持但后来转为否决的模式,是否表明现实是社会建构的这一基本观点存在某些缺陷?为什么这些理论对教育研究,特别是对课程社会学有着独特的吸引力?

对上述问题,可以给出两种不同的回答。第一种,是外在的或者说是基于语境的论证。这一论证是相对没有争议的,它在一定程度上提醒我们特定知识领域的非独特性,教育社会学也不例外。教育社会学理论的形成受两个外在因素的影响:一是社会因素,二是文化因素。高等教育的大规模扩张和民主化,以及与此同时发生的社会科学和人文科学的扩张和多样化,在教育研究领域带来了这样的设想,认为新类型的社会科学和人文科学知识能够为广泛被认为是低效、不公平的教育体系带来变革。自20世纪80年代以来,全球化和生活中各个领域对市场的重视,为教育方面的学术工作营造了一个相对新的环境。而这种教育研究的新环境为一系列的文化变化提供了肥沃的土壤,带来了全新的讲师和全新的学生,并在塑造教育社会学方面发挥了作用。高度政治化的学术氛围,与民粹主义的密切联系,对少数群体从属文化不加批判的尊敬,对学术和所有形式权威的专门知识的怀疑,曾一度存在着。而所有这些发展均借鉴了或暗含了社会建构主义理念。[1]

第二种,是内在的论证——教育研究学术领域内的发展。自20世纪70年代早期,社会建构主义理念就受到通常由哲学家发起的挑战,但有时社会学家也会提出对其的批判。[2] 然而,对于新教育社会学来说,只要贴上改革派或"社会民主主义"的标签,就可以相对容易地驳斥这些批判。[3] 若不这么肤浅

---

[1] Stangroom J, Benson O. Why Truth Matters [M]. London: Continuum Books, 2007: 134-162.

[2] Demaine J. Contemporary Theories in the Sociology of Education [M]. London: Macmillan, 1981: 78-86.

[3] Young M, Whitty G. Society, Sate and Schooling: Readings on the Possibilities for Radical Education [M]. Ringmer: Falmer Press, 1977.

地回应批判，教育研究领域中的社会建构主义可以走向与从属特权（通常是对立于统治阶级或官方知识）相联系的政治学，或是可以走向尼采虚无主义的后现代版本，去否认一切进步、真理和知识。

社会建构主义为教育领域的师生提供了一套表面上有吸引力但本质上却相互矛盾的学术工具。一方面，它提供了通过教育获得知识解放和自由的可能性——不论是教师、学生或是工人，都拥有认识论权利去发展理论和批判、挑战科学家、哲学家等所谓的专家。此外，这种所谓的自由以某种未明确的方式，被视作为改变世界做出了贡献。许多人把这种知识自所有权威形式的解放，同实现更平等或更公正世界的可能性联系在一起。另一方面，社会建构主义通过削弱关于客观知识或真理的主张，否认了任何更好理解、更好世界的可能性。然而，由于显而易见的原因，这种否认倾向被教育研究者忽视了，至少在绝大多数情况下被忽视了。

如果不仅是课程知识的选择，甚至是教师对学生的排名、报告和日常判断都被视为任意的，那么继续从事教师工作将会非常成问题。此外，这样的观点已经在当今的流行语中留下了印记，例如小组合作、作为对话的教学等。所有这些教学策略均可被视为压制等级制度的一种尝试，或者至少使等级制度变得隐形。[①] 这种新的"实践语言"或教育研究活动，越来越多地与电子学习、手机和互联网的"前景"联系在一起，也越来越多地与市场相关的语言联系在一起。它们自然而然地得到了许多人的支持，这些人对最初的教学权威社会学批判所知甚少。

为什么这些理论会持续存在并犹如崭新一般一次又一次地复活？这并不能表明它们是正确的，除非根本的矛盾性和随之而来的知识不可能性，能够成为真理。如同物理学和化学中的新观点一样，这一观点是如此强大，以至于它被以无人能否认的方式来改变世界。社会建构主义充其量是提醒我

---

① Christie F, Martin J R. Language, Knowledge and Pedagogy: Functional Linguistic and Sociological Perspectives [M]. London: Continuum, 2007: 56-77.

们,无论某些思想或制度看上去多么明显地是既定的和固定的,它们始终是历史上人类活动的产物。它们不仅起源于我们外部的物质世界,也不仅起源于我们的头脑。思想和制度是"表现性"的,即它们是客观社会世界中社会行动的一部分,但又充满了主观意义,而这些主观意义常常会超出任何客观范畴的界限。在最坏的情况下,社会建构主义为挑战和批判任何制度、任何等级结构、任何形式的权威、任何知识任意性提供了知识合法性。这一立场所带来的肤浅的政治正确,是得到小小的解放时刻——体现在现实是由社会建构的这一事实中——所付出的沉重代价。对这一观察的反应——虽然没有广泛地被承认——就是拒绝教育社会学研究事业,特别是将社会学应用于对课程的研究事业。

社会建构主义者错了,然而他们也并非完全错了。他们强调知识的社会历史特征,而不是普遍认为的既定特征,是正确的。然而回顾后可知,他们的缺陷在于没有阐明社会建构主义理论的局限性,也未能为他们的初步主张提供实质内容。因此,社会建构主义理论在很大程度上仍旧停留在口头上。社会建构主义关于知识和课程的结论是错误的。知识的社会性特征并不是怀疑其真实性和客观性的理由,也不是把课程仅仅看作政治的另一种手段的理由。知识的社会性特征,正是知识能够宣称其真实性和客观性的唯一理由[1],因此也正是偏爱某些课程原则的唯一理由。

二、作为另一种选择的社会实在论

所有对知识的解释,都是从"存在的"多于"被感知的"这个假设开始的,因此,实在论是一种常识性的本体论,在这种意义上,它对在不同实在层面上

---

[1] Collins R. The Sociology of Philosophies: A Global Theory of Intellectual Change [M]. Cambridge: Belknap Press of Harvard University Press, 2002.

所揭示的事物、结构和机制的存在，进行了认真的观照。[①] 社会实在论假定社会是一种客观存在，它外在于人的意志、不依赖于人的意志为转移，并且往往能够对人的意志起决定作用。[②] 持有社会实在论立场的最典型的社会学家便是爱弥尔·涂尔干。涂尔干认为，社会是集体意识，是一种建立在个人意识之上的独立实体，且社会科学应以社会现象或社会事实作为研究对象；社会事件通过规律联系在一起，社会科学研究应以深刻揭示出社会事实与人类行为两者间所蕴含的因果规律为核心；由此，社会事实就具有了实在性特征，从而以社会的强制力来规范个体行为者的自由行动，在这一意义上，社会事实就类似于自然科学中的自然事实。[③] 与涂尔干所秉持的这样一种社会实在论以及知识—社会二元观相对应的，是一种"符合论"的知识观，或称为真理观，这种知识观认为我们可以通过各种研究手段来达到对于研究对象的正确认知，因为社会是一种客观现实，是可以通过观察等手段使之呈现出来的。[④]

涂尔干作为实证主义社会学的领军人物，在其社会学方法论代表作《社会学方法的准则》中，详细论述了社会学解释说明的原则，又进一步将这些原则贯彻到了对于知识问题的考察中，强调从"社会事实"及"集体意识"层面来看待知识现象。[⑤] 涂尔干认为决定知识的社会因素包括群体结构、关系以及社会组织等，他通过"从知识的集体性中发现知识的有效性基础"而"把知识的社会学规定性变成新理性主义的基础"。[⑥] 他认为，集体意识确保了知识的

[①] [英]威廉姆·奥斯维特. 新社会科学哲学：实在论、解释学和批判理论[M]. 殷杰，张冀峰，蒋鹏慧，译.北京：科学出版社，2018：19.

[②] 赵超，赵万里. 知识社会学中的范式转换及其动力机制研究[J]. 人文杂志，2015(6)：113-121.

[③] 樊小军，殷杰. 语境论视域下的社会本体论探析[J]. 科学技术哲学研究，2018(2)：52-57.

[④] 赵超，赵万里. 知识社会学中的范式转换及其动力机制研究[J]. 人文杂志，2015(6)：113-121.

[⑤] [法]E. 迪尔凯姆. 社会学方法的准则[M]. 狄玉明，译. 北京：商务印书馆，1995：23-34.

[⑥] 赵超. 学科研究视域中知识社会学的理论整合与范式转换问题研究[D]. 天津：南开大学，2014.

客观性,尽管每个社会都在其逻辑构造中引入了一些"主观的"成分,但随着集体意识范围的扩大,主观知识中的这种相对性成分也会越来越明显;而只有当文明发展成为真正的人类文明的时候,在最广泛的社会共识的基础上,纯粹客观的知识才能得以可能。[1]

在课程社会学中,社会实在论是针对社会建构主义存在的问题,特别是其非实在论假设而发展起来的哲学。社会实在论与社会建构主义分道扬镳,是因为社会实在论坚持认为知识的社会本质,包括知识的构成和发展,这使得理论家能够宣称知识是合法的。[2] 因此,尽管知识是拥有社会基础的,但这并不意味着知识就一定会沦为既得利益集团、特定群体或权力关系的工具。虽然人们承认,知识生产并非不可避免地与促进特定既得利益集团的发展有关,包括与促进认知利益的发展有关,但这并不意味着没有独立于权力斗争的认知价值空间,不意味着没有与特定地方、特定时间或特定话语社区相关联的认知价值,不意味着没有办法确定某种课程比其他的课程好,也不意味着没有超越地方和时间的知识生产的基础结构。因此,知识的社会性并没有对其客观性带来破坏,却是实现知识客观性的必要条件。此外,如果这一观点是正确的,那么诸如分化、分裂、归类、累进等过程就成为知识发展关键时刻,因此也成为理解知识及其合法性的关键框架。

然而,这一课程理念的核心是,相信某些知识是客观的(因此应该包含在课程中),以超越生产其的历史条件的方式。这反过来意味着我们必须能够对知识的要素加以区分,有些知识的要素是在学科内部关于合法性和形式的斗争中形成的,而有些知识的要素则不是以这种方式形成的。更高层次的思维,或者我们如何对环境做出反应,已经在学科中得以发展,这些学科被描述为科学。这种形式的知识与常识形式的知识形成了鲜明的对比。它不仅是

---

[1] 赵超.学科研究视域中知识社会学的理论整合与范式转换问题研究[D].天津:南开大学,2014.

[2] Young M F D. Bringing Knowledge Back in: From Social Constructivism to Social Realism in the Sociology of Education [M]. London: Routledge, 2008: 19-34.

从不能感知的物质过渡到能感知的物质,而且是从感觉过渡到思维。这就是说,现实反映在意识里的方式,与反映在直接感觉里的方式,在思维上有质的不同。①

课程社会学应该"少忠于一种方法,多致力于解决一个问题"②。在过去的二十年里,通过持续的理论和实践工作,社会实在论所寻求解决的问题变得越来越明确。从根本上看,这一问题关乎理解知识生产和交换的社会条件,以及知识在课程和教学中的结构。处于问题核心的是,经由学校教育而不断加剧的社会不平等再生产,以及探讨突出专业知识和它的获取途径,能否更进一步具有中断社会不平等再生产的可能性。

社会实在论多年来一直受益于对其强有力的批判。③ 考虑到与特定科目相关的知识论证,已经产生了越来越分化的知识概念,以及关于知识如何在课程中发挥作用的越来越不同的观点。④ "如果我们试图将课程和教学放在一起研究,并随着时间的推移结合对真实学习者的关注,什么是能够形成的问题,与从抽象的角度考虑学科知识及其力量所看到的问题有所不同。"⑤而"任何试图发展一种不可避免的,而不是与科目的'认知约束'相协调的教学方法的尝试,都注定是要失败的"⑥。知识、课程和教学间的关系,日益成为社会实在论对"教育知识怎样传递"进行概念化和分析的关注焦点。如何在不产生"认知不满"

---

① Rieber R W, Carton A S. The Collected Works of L. S. Vygotsky. Vol.1, Problems of General Psychology [M]. New York: Plenum Press, 1987: 47.
② Bernstein B. Class, Codes and Control, Volume III – Towards a Theory of Educational Transmissions [M]. London: Routledge and Kegan Paul, 1975: 171.
③ Barrett B, Rata E. Knowledge and the Future of the Curriculum: International Studies in Social Realism [M]. New York: Palgrave Macmillan, 2014: 65 – 75.
④ Barrett B, Hoadley U, Morgan J. Knowledge, Curriculum and Equity: Social Realist Perspectives [M]. London: Routledge, 2018: 63 – 79.
⑤ Yates L. From Curriculum to Pedagogy and Back Again: Knowledge, the Person and the Changing World [J]. Pedagogy, Culture & Society, 2009, 17(1): 17 – 28.
⑥ Young M. Powerful Knowledge: An Analytically Useful Concept or Just a "Sexy Sounding Term"? A Response to John Beck's "Powerful Knowledge, Esoteric Knowledge, Curriculum Knowledge" [J]. Cambridge Journal of Education, 2013, 43(2): 195 – 198.

的情况下利用专门知识[①]，让学生在自己的日常世界、经验和"必然遥不可及的学科世界"间建立起有意义的联系[②]，这一问题将我们的关注点转向了对公平的关注。

如前所述，教育社会学是在教育扩张的条件下获得了其管辖权的，而教育扩张本身的基础是现代学校教育系统把部分人排除在外。那么，直接的目标就成为提供平等的机会和克服与教育不平等相关的问题。新教育社会学在20世纪70年代的研究，表现了对这个问题有着独特的看法，其认为正规的知识和课程提供，不足以带来平等。事实也表明，近二十年的教育扩张，并没有使那些传统上被排除在外的群体在受教育后，结局有显著改善。那么问题的答案就隐藏在了学校和教室的"黑箱"中，而且问题在于知识及其课程形式。简而言之，如果学生不能够从学校科目课程所提供的正规知识中识别出他们自己和他们自己的生活，他们就处于不利地位。这导致人们普遍认为，工人阶级的孩子处于不利地位是因为学校所重视的知识反映了中产阶级孩子的世界观和兴趣。同样的论点也适用于性别和种族因素的讨论。知识和课程是权力和控制的手段。此外，还有一个隐性课程问题，即关于如何在学校和课堂中表现和发言的非正规和非公开规则，怎样使得精英群体的习惯和价值观凌驾于其他人之上。这曾经是，现在仍是一个有力的论点，特别是于1984年出版的皮埃尔·布尔迪厄（Pierre Bourdieu）的英文版《区分：判断力的社会批判》（*Distinction: A Social Critique of the Judgement of Taste*），以文化资本概念为核心，进一步推动了这一论点的发展。文化资本的概念被用来论证课程以意识形态的形式呈现，且存在着一种霸权课程，这种课程是为了生产和再生产当权者的利益。于是就产生了这样一种观点，即课程公平是经由对

---

① Muller J. Every Picture Tells a Story: Epistemological Access and Knowledge [J]. Education as Change, 2014, 18(2): 255-269.

② Barrett B, Rata E. Knowledge and the Future of the Curriculum: International Studies in Social Realism [M]. New York: Palgrave Macmillan, 2014: 72.

"最弱势群体立场"的关注来实现的。正如雷温·康奈尔(Raewyn Connell)所陈述的那样,课程公平的实现,需要以社会最弱势群体成员的经验、文化和需求为基础组织课程……社会公正的课程将广泛吸收本土知识、工人阶级的经验、移民文化以及多种语言。[①] 这种课程公平所蕴含的社会建构主义知识观,是一种过于社会化的知识观,导致了课程的过于政治化和工具化,使得课程总是可以随着政治目的的改变而变化。

  而社会实在论正好对上述课程公平提出了挑战。与此同时,它也是社会实在论批判的根源。课程的社会实在论观点,建立在知识独立于其生产社会条件的假设之上。社会实在论的一个重要方面在于,对知识从生产其的学科到基于学校的课程的再语境化设置了特定的规则,即课程选择强调了学术依据的重要性。这样,社会实在论在承认知识社会性的基础上,通过对学科社群所主张的知识准则的认可,又使得知识客观性得以保障。正是这种经受过学科社群专家测试和准许的相对安全和稳定的知识,为知识所有者提供了平等地拥有知识的认识论基础的途径。那么为了促进课程公平的实现,这样的知识就应该为构成课程的知识选择提供基础。由此,社会实在论知识观凭借"知识的社会性和客观性具有内在一致性"这一媒介,在课程知识与课程公平间搭建起了联系的桥梁。

[①] Connell R. Just Education [J]. Journal of Education Policy,2012,27(5):681-683.

第三章　社会实在论知识观下的地理知识

"知识"已毫无疑问地成为国际组织和许多国家教育政策的主要组织分类。不论是通过提及知识本身、知识社会抑或由知识工作者来表达,全球趋同确是越来越明显了。但与此同时,"知识"这一分类似乎完全以修辞的方式被使用,关于知识意义的表达或含蓄或空无内容。由此带来的结果之一就是——虽然获得知识关乎教育的中心意义,但在政策层面对其却是否认或者漠视的。所以,要寻回并认真探讨"知识的呼声"[①],重建知识的概念。

社会实在论知识观下的知识具有四个要素:批判性、实在性、物质性、生成性。[②] 其中,批判性是指承认知识总是开放着以供修改,即易谬论原则;实在性是指承认存在知识的客观性这一独立的现实;物质性是指承认世界上知识的产生源于历史上象征性的符号生产模式;生成性是指承认知识不可简单地化约为其产生时的直接条件,而是具有文化超越特征的,即生成唯物论原则。

爱弥尔·涂尔干(Émile Durkheim)、巴兹尔·伯恩斯坦(Basil Bernstein)、列弗·维果斯基(Lev Vygotsky)关于知识分化的相关理论,为隐含在实在论知识观之中的关键思想"知识分化"[③]提供了支持性的渊源。

---

① Young M, Muller J. Curriculum and the Specialization of Knowledge Studies in the Sociology of Education [M]. London: Routledge, 2016: 37.
② Moore R. Going Critical: the Problem of Problematizing Knowledge in Education Studies [J]. Critical Studies in Education, 2007, 48(1): 25 – 41.
③ Young M, Muller J. Curriculum and the Specialization of Knowledge Studies in the Sociology of Education [M]. London: Routledge, 2016: 38.

爱弥尔·涂尔干(Émile Durkheim)对知识和经验的区分可以追溯到他早期的作品《社会分工论》(*The Division of Labor in Society*),他在对原始社会宗教的研究中发展出由神圣和世俗这一组概念来替代"先验主义"。涂尔干在《宗教生活的基本形式》(*The Elementary Forms of Religious Life*)中首次使用神圣和世俗的区分,来描述他在研究原始社会时发现的宗教生活和日常生活这两种截然不同的思维方式和社会组织形式。他认为原始人类对来世(概念的)和日常生活的生存问题(实践的)投以的最初的关注,是科学发展和现代社会的各种形式的智慧探索的基础。在涂尔干看来,神圣知识"是情境独立的,依赖的是彼此相互关联但并不与直接的特定情境相关的概念,它具有一种外在于个体观念的社会性的客观性。'世俗知识'是与日常生活世界紧密相连的,它与特定的情境相关,是'情境限定的'知识"[①]。神圣知识是由一系列共同体(如:原始社会中的神职人员、现代科学中的学科专家)共享的、与日常生活世界无关的概念构成,是一种集体表征,并因此赋予了神圣知识以客观性。[②]

知识和经验的区分是列弗·维果斯基(Lev Vygotsky)的"最近发展区"概念的根基,是他寻找到的解决教师帮助学生发展在日常生活中无法获得的高阶概念这一教学难题的有效方法。维果斯基用理论(或科学)概念与日常概念来表征知识分化。对维果斯基而言,课程及广义的学校教育是向学生提供获得从历史、文学到科学、数学等各种不同形式理论概念的机会。他认为获得高阶概念是一个复杂的双向过程:首先,学习者在教学中接触到课程中的理论概念,使得日常概念被拓展和转化;然后,学习者利用他们新获得的理论概念去重塑他们的日常概念。[③] 维果斯基指出了理论概念和日常概念之间的相互关联:"通过孩

---

① 麦克·扬,张建珍,许甜.从"有权者的知识"到"强有力的知识"——麦克·扬与张建珍、许甜关于课程知识观转型的对话[J].华东师范大学学报(教育科学版),2017(2):99-105.
② [法]爱弥尔·涂尔干.宗教生活的基本形式[M].渠东,汲喆,译.上海:上海人民出版社,1999:574.
③ Karpov Y V, Haywood H C. Two Ways to Elaborate Vygotsky's Concept of Mediation [J]. American Psychologist, 1998, 53(1):27-36.

子与科学概念的接触,系统化的基础知识首次进入孩子的脑海中,然后这些基础知识再转化为日常概念,从而自上而下地改变了孩子的心理结构。"[1]

巴兹尔·伯恩斯坦(Basil Bernstein)借鉴了涂尔干关于知识分化的理念,并进一步发展了神圣知识和世俗知识之间的重要角色:边界。伯恩斯坦用水平话语和垂直话语[2],来阐述涂尔干所提出的"神圣"和"世俗"这两个概念。水平话语的知识形态具有以下显著特征:口头的、当地的、语境依赖的、具体的、缄默的、多层次的、语境间相互矛盾的。其最关键的特征是节段组织的。水平话语的实现因文化分割和活动与实践的专业化而异。垂直话语的知识形态则具有以下显著特征:连贯的、明晰的、有系统条理结构的、分层组织的,以一系列专门化的语言、专门化的模式、专门化的标准的形式呈现。[3] 伯恩斯坦提出的再语境化概念认为知识的产生和获得可以是独立的、超越其产生语境的,知识是可以脱离特定语境而存在的。

第一节　强有力的知识

麦克·扬(Michael Young)提出的"强有力的知识"这一概念,将社会实在论知识观与教育问题建立起了联系。[4] 强有力的知识提出的理念起点是公民在法律面前一律平等,并进一步拓展至儿童作为未来公民均具有相同的教育权利。因此,国家课程(和每所学校的课程)应该保证儿童的权利。由此,每所学校的

---

[1] Vygotsky L S. Thought and Language [M]. Cambridge, MA: MIT Press, 1962: 93.
[2] Bernstein B. Pedagogy, Symbolic Control and Identity: Theory, Research, Critique [M]. Oxford: Rowman & Littlefield, 2000:157-159.
[3] Bernstein B. Vertical and Horizontal Discourse: An Essay [J]. British Journal of Sociology of Education, 1999, 20(2): 157-173.
[4] 许甜. 从社会建构主义到社会实在论:麦克·扬教育思想转向研究[M]. 北京:清华大学出版社, 2018.

课程均代表着在该所学校儿童的知识权利。换言之,每所学校的课程(实际上是国家课程)不应以种族、性别、家庭环境、预测的能力或动机为由在课程方面歧视儿童。① 在这个意义上,课程可以视为平等的保证,至少是机会的平等的保证。而为了满足以上要求,课程必须以"我们拥有的最好的知识"为基础,且这些知识即强有力的知识,与儿童带入学校的经验有着显著的区分。

一、强有力的知识的标准

强有力的知识提供了关于自然和人文世界的最佳理解,并能够帮助我们超越个人经验。② 麦克·扬提出了定义强有力的知识的三条标准。③

第一,它与我们从日常经验中获得的"常识"知识不同。"常识"知识在我们的日常生活中是重要的,它常常与具体语境相关联。我们的"常识"知识随着我们在成长过程中经验的积累而发展;"常识"知识并不需要被教授,而我们也不需要通过学校学习去获取。因为"常识"知识是与我们的经验语境紧紧相连的,所以它是有局限的;而正是为了克服这些局限性,我们需要学校教育。

第二,它是系统化的。强有力的知识的概念在科目或学科中系统地成组关联着。与"常识"知识根植于我们经验的具体语境不同,强有力的知识可以成为超越特定语境的概括和思考的基础。

第三,它是专门化的。强有力的知识是由清晰可辨的群体开发的,通常是有明确定义的探究焦点或领域,并由相对固定的边界将其专门知识的形式与其他形式区分开来。强有力的知识的专门化特征至少部分解释了为何掌

---

① Michael F D, Lambert D, Roberts C. Knowledge and the Future School: Curriculum and Social Justice [M]. London: Bloomsbury, 2014: 70-71.

② Young M. Powerful Knowledge: An Analytically Useful Concept or Just a "Sexy Sounding Term"? A Response to John Beck's "Powerful Knowledge, Esoteric Knowledge, Curriculum Knowledge" [J]. Cambridge Journal of Education, 2013, 43(2): 195-198.

③ Michael F D, Lambert D, Roberts C. Knowledge and the Future School: Curriculum and Social Justice [M]. London: Bloomsbury, 2014: 74-75.

握它是困难的,以及为何掌握它需要专门的教师。

上述三个标准涉及知识的结构——它是如何被组织的,以及知识的功能——它是为了什么。学生有获取强有力的知识的权利定义了他们作为学生的权利,与此同时,强有力的知识有其规则和标准来平等地评判学生。①

二、强有力的知识的含义

要想认识强有力的知识,先要把握两个关键点:一是,社会利益不会耗尽知识所具有的教育意义;二是,所有人都有获得强有力的知识中的力量的可能,且这种力量是无限转移的,使得强有力的知识具备了民主基础和与社会公正的概念联系。② 强有力的知识强调了知识的社会认知性质,以及知识所具备的力量"搬运"性质。基于"在强有力的知识中有哪些力量在发挥作用"这一问题,麦克·扬界定了强有力的知识的三重含义。③

第一,学术学科与力量。学科所创造出的专业话语规范和保证了知识的可靠性、修正性和生成性,为学科成为一个自治社群提供了基础。学科意义是生成的意义,它在概念和世界的一个方面之间建立起一种间接的意义联系。即使是在最严格的经验主义中,学科话语创造了意义延伸到其他语境的可能性。由于是间接的,学科意义创造了一个间隙,或一个潜在的间隙,它可以成为另一个可能性的场所,一个为概念和世界之间关系的另一种实现提供可能的场所。这个场所是一个不可想象的空间,一个不可能的地方,一个尚未被虑及的地方。换言之,人们在接触学科之后所形成的不可预测的可能性使学科

---

① Michael F D, Lambert D, Roberts C. Knowledge and the Future School: Curriculum and Social Justice [M]. London: Bloomsbury, 2014: 81-82.

② Muller J, Young M. Knowledge, Power and Powerful Knowledge Re-visited [J]. The Curriculum Journal, 2019, 30(2): 197-198.

③ Muller J, Young M. Knowledge, Power and Powerful Knowledge Re-visited [J]. The Curriculum Journal, 2019, 30(2): 209-210.

变得强有力。而之所以如此，是因为学科促进了意义的生成。

第二，学校课程与力量。每一门学校科目与其在现实世界中同源的学术和专业生产，即学科，具有稍稍不同的时间关系。然而，科目的实体领域和历史论证之间存在着不可否认的认识论关系。这种关系会受到以下两种损害，从而使课程的力量丧失：首先，课程以只包含实体内容的列表呈现，成为一个主题列表。这样所带来的问题是，没有更好理解的教师只能把既定知识列表当作要学习的知识来呈现。这就剥夺了将实体内容作为一系列没有既定答案的问题来进行教学的机会。而这样的课程并不能为学习者提供思辨的工具。其次，将要学习的知识表示为线性主题列表的课程，有着可能掩盖激发学科活力的学科结构的风险。这就关乎课程发展的关键原则——如何对课程内容进行排序和定量以表示日益复杂的知识体系的深层结构。课程必须首先为科目结构提供路标。

第三，创造能力与力量。上述两种意义上的力量都必须在适当的地方——课程中，更为理想的是在教师自己的知识中——促进学习的发生。但即使在适当的地方，也不能保证教师能够提供关于科目深层结构的可靠指导。教师是他们所教授科目的强有力的知识的重要中介。当教师的教授成功了，学生的学习也随即成功，学生在多方面获得了力量：在洞察力和判断力方面，在了解科目的实体性和概念性范围方面，在了解到所学的实体性细节只是这门科目的核心内容的一部分方面。学生便能够建立新的联系，获得新的见解，并产生新的想法。

第二节 强有力的地理知识

学校里的地理科目从来不单单由大学里的地理学科决定，而是将取自地理学科的新知识进行概念重构或者心理学化，以适应主流的教育语境。正如我们所见,在地理学中地方语境和视角是很重要的,但若将由地理学科创造的知识作为强有力的地理知识的唯一来源,似乎低估了实践的、本地的语境知识的重要性。这些理论知识和实践知识相互作用,成为理解地理学科强有力的知识的关键。

社会实在论的核心论点是获取学科知识这一目的,将教育与其他活动区分开来。[1] 由此,强有力的知识在地理教育领域引起了广泛关注[2][3][4][5][6],而寻找地理知识为何被认为是强有力的并因此值得去教授这一问题的答案,将会是有益且有效的。很显然,我们教授地理知识是为了让学生能超越他们的自身经验,例如:字面上,教授他们日常所不能遇到的遥远地方的分布和模式;概念上,引介新的观察和思维方式;情感上,帮助他们理解不同观点和价值。学生因此能够释放思想自由的潜能,并能够识别和珍视"更好的"知识,即强有力的知识。

一、地理知识的性质

地理学从不同的尺度来解读空间分布及其变化,并以人类环境、人地关系、时空关联为核心,发展出不同的关键概念。[7] 这些动态的、开放的关键概念包括空间(space)、时间(time)、地方(place)、尺度(scale)、社会结构(social formations)、自然系统(physical systems)、景观与环境(landscape and

---

[1] Young M. The Future of Education in a Knowledge Society:The Radical Case for a Subject-based Curriculum [J]. Journal of the Pacific Circle Consortium for Education,2008,22(1):21-32.
[2] Catling S, Martin F. Contesting Powerful Knowledge:The Primary Geography Curriculum as an Articulation between Academic and Children's (ethno-) Geographies [J]. The Curriculum Journal,2011,22(3):317-335.
[3] Butt G. Geography, Education and the Future [M]. London:Continuum,2011:141-164.
[4] Lambert D, Jones M. Debates in Geography Education [M]. London:Routledge,2013:59-74.
[5] Morgan J. Michael Young and the Politics of the School Curriculum [J]. British Journal of Educational Studies,2015,63(1):5-22.
[6] Roberts M. Powerful Knowledge and Geographical Education [J]. The Curriculum Journal,2014,25(2):187-209.
[7] 蔡运龙,陈彦光,阙维民,等. 地理学:科学地位与社会功能[M]. 北京:科学出版社,2012:2.

environment)、自然(nature)、全球化(globalisation)、风险(risk)、关联(relevance)等。[1] 地理学所具有的空间性、综合性和区域性特点[2]，使其成为自然科学、社会科学、人文科学乃至工程技术之间的一座桥梁，并提供了对人类与环境的相互作用、复杂世界与不同类型现象间关联的独特洞察和深层理解。

地理学是研究地理要素或者地理综合体的空间分布规律、时间演变过程和区域特征的一门学科[3]，是一个由动态观察世界的方法、综合的领域、空间表达组成的三维学科矩阵(见图 3-1)。[4] 其中动态观察世界的方法维度包括：地方综合(integration of place)、地方间的相互依赖(interdependences between places)、尺度间的相互依赖(interdependences among scales)。综合的领域维度包括：环境动态(environmental dynamics)、环境/社会动态(environmental/societal dynamics)、人类/社会动态(human/societal dynamics)；空间表达维度包括：图像的(visual)、语言的(verbal)、数学的(mathematical)、数字的(digital)、认识的(cognitive)方法。

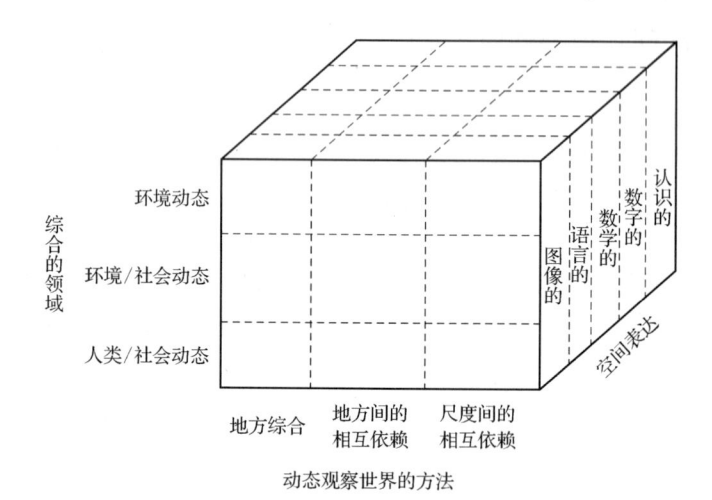

图 3-1 地理视角矩阵图

[1] Clifford N J, Holloway S L, Rice S P, et al. Key Concepts in Geography [M]. London: SAGE Publications Ltd, 2008: 1-480.
[2] 傅伯杰. 地理学：从知识、科学到决策[J]. 地理学报, 2017(11): 1923-1932.
[3] 傅伯杰, 冷疏影, 宋长青. 新时期地理学的特征与任务[J]. 地理科学, 2015(8): 939-945.
[4] Rediscovering Geography Committee, Board on Earth Sciences and Resources, Commission on Geosciences, Environment, and Resources, National Research Council. Rediscovering Geography: New Relevance for Science and Society [M]. Washington, D.C.: National Academy Press, 1997: 29.

第三章　社会实在论知识观下的地理知识

地理学具有深厚的自然科学传统,遵循着从观测、度量、实验、假设、证实（或证伪）到理论概括、逻辑推导、实践检验、反馈和往复的科学方法链。[①] 地理学与社会科学有着紧密的联系,采用多样的社会科学理论和方法,揭示不断变化着的政治、经济和社会关系中的空间组织与空间结构。[②] 地理学还关注人对地理环境的感觉、情感、经验、体验、信仰、价值、思想和创造性,关注环境变化和人类福祉的关联,同样还拥有着丰富的人文学传统。[③]

地理知识是地理学思想和对世界上自然与人文现象进行合理解释的产物,地理思想和理论所涉及的主要内容包括:[④]

理解尺度转换(scale transformations);

对感知、表征和图像能够进行跨维度的双向转换(being able to transform perceptions, representations and images from one dimension to another and the reverse);

理解上下级关系及参考系(superordinate and subordinate relations and frames of reference);

理解空间序列问题(problems of spatial alignment);

理解距离的影响(distance effects);

理解空间关联性(spatial association);

理解方位性和方向性(orientation and direction);

理解空间分类(spatial classification);

理解聚合和扩散(clustering and dispersion);

理解空间变化和空间延展(spatial change and spatial spread);

---

① 蔡运龙.当代科学和社会视角下的地理学[J].自然杂志,2013(1):30-39.
② [英]萨拉·L.霍洛韦,斯蒂芬·P.赖斯,吉尔·瓦伦丁.当代地理学要义——概念、思维与方法[M].黄润华,孙颖,译.北京:商务印书馆,2008:41.
③ [英]萨拉·L.霍洛韦,斯蒂芬·P.赖斯,吉尔·瓦伦丁.当代地理学要义——概念、思维与方法[M].黄润华,孙颖,译.北京:商务印书馆,2008:58.
④ Golledge R G. The Nature of Geographic Knowledge [J]. Annals of the Association of American Geographers, 2002, 92(1): 1-14.

理解非空间和空间等级制度(non-spatial and spatial hierarchy);

理解密度及密度衰退(densities and density decay);

理解空间外形及样式(spatial shapes and patterns);

理解位置与场所(locations and places);

理解空间聚合和分解(spatial aggregation and disaggregation);

理解地理学性质的一体化(integration of geographic features);

理解空间封闭性(spatial closure);

理解邻近性、邻接性以及距离衰退(proximity, adjacency and distance decay);

认识空间形态(spatial forms)。

在过去的半个世纪里,伴随着区域主义、行为主义、马克思主义、新马克思主义、结构主义、后现代主义、批判理论、女权主义、环保主义及信息科学等思想学派的产生和发展,地理知识的性质也随着地理学思想和理论的变化而变化:认识收集地理事实和发掘嵌入这些事实中的空间形式之间的差异,理解这一过程产生于对这些事实的新认知和分析中,而不是直接产生于数据收集的过程中;地理现象的位置、序列、分布空间相关理论的发展,以及这些现象中的自然与人文成分的空间相互作用的发展。[1]

地理知识可以促使我们形成事物在哪里的地理观念,帮助我们做出决策并解决问题,进而让我们理解事物为什么在某地存在、理解事物在空间上怎样以及为什么关联。总之,"地理知识是广义的。但是,它不能仅仅通过非正式的研究或偶然的观察得到发展,而是需要通过建立一套概念体系定义。如若不如此,我们的知识结构将变得虚无而难以判断;如若如此,我们就会拥有与其他学科一样的,有丰富概念、总结、规则及理论的知识体系"[2]。

---

[1] 蔡运龙,等. 地理学思想经典解读[M]. 北京:商务印书馆,2023:370.

[2] Golledge R G. The Nature of Geographic Knowledge [J]. Annals of the Association of American Geographers, 2002, 92(1): 1-14.

二、强有力的地理知识类型

虽然大卫·兰伯特(David Lambert)认为罗列出强有力的地理知识的概念和定义有重回死板课程的风险[1]，但是对强有力的地理知识类型的界定还是存在着可能性的。如此，在规避兰伯特所担忧的风险的同时，也可以为地理教师更好地理解和应用强有力的地理知识这一概念提供帮助。麦克·扬所提出的强有力的知识有两种解释途径：一种是知识所具备的特性使得知识变得强有力；另一种是知识赋予知识所有者力量。基于第二种解释，本书参照阿拉里克·莫德(Alaric Maude)的研究，甄别并解释了四种类型的地理知识，这些地理知识构成思维上强有力的思考、分析、解释和发现的方式。[2]

(一) 类型一：提供新思维方式的地理知识

强有力的思维方式能够为学生提供新的观念、价值和理解，使学生提出新的问题和探索新的解释，从而有可能改变他们的行为方式。地理学的思维方式是嵌入主要概念中的，地方、空间、环境及其相互联系是其中最基本的概念。这些可以称为"元概念"的概念并不像"城市"或者"气候"是实质性的概念，它们扮演着在元层级上形成概念工具的角色，从而影响到概念、实质性理论和解释性方案的发展。[3]

以"地方"为例，它是一个特别丰富的概念，蒂姆·克雷斯韦尔(Tim

---

[1] Slater F, Graves N, Lambert D. Editorial [J]. International Research in Geographical and Environmental Education, 2016, 25(3): 189 – 194.

[2] Maude A. What Might Powerful Geographical Knowledge Look Like? [J]. Geography, 2016, 101(2): 70 – 76.

[3] Sibeon R. Rethinking Social Theory [M]. London: SAGE Publications Ltd, 2004: 13.

Creswell)将其描述为"观察、认识和理解世界"的方式。[①] 它是一个多维度的概念,其中一个维度可以概括为:"每一个地方都有其不同的特征。因此,即使是相似的环境和社会经济过程所作用产生的结果也会因地方的不同而异,相似的问题也会因地方的不同而需采取不同的处理策略。"这一论述表明,每个地方的自然和人文特征都是独特的,所以相似的地理过程与不同地方的不同特征相互作用之后产生的结果是不同的。这一论述还表明,即使有了处理相似问题的策略,仍是需要考虑不同地方不同的环境、文化、经济等特征。这就是地理学的核心论点"地方的重要性"。地方是所有事物存在和所有事件发生的场所。不同地方的不同特征影响了在该地存在什么和发生什么。

(二) 类型二:提供新理解方式的地理知识

麦克·扬认为当知识可以让学生更好地理解和解释现象或者事件时,它就是强有力的。他写道:"强有力的知识"是强有力的,因为它提供了关于自然和人文世界的最好的理解,从而帮助我们实现对自身经验的超越。[②] 在地理学中有三种知识拥有这种力量,它们分别是分析性的概念、解释性的概念和归纳性的概念。

1. 分析性的概念

地理概念可以根据主题的独特性被用来分析。"地方"这一概念就是一个很好的例子。地方是研究地理过程和地理现象复杂关系的天然实验室[③],然而除了自然地理的某些领域可以通过对"地方"进行控制比较以测试所选变量

---

① Creswell T. Place: A Short Introduction [M]. Oxford: Blackwell, 2004: 11.
② Young M. Powerful Knowledge: An Analytically Useful Concept or Just a "Sexy Sounding Term"? A Response to John Beck's "Powerful Knowledge, Esoteric Knowledge, Curriculum Knowledge" [J]. Cambridge Journal of Education, 2013, 43(2): 196.
③ Rediscovering Geography Committee, Board on Earth Sciences and Resources, Commission on Geosciences, Environment, and Resources, National Research Council. Rediscovering Geography: New Relevance for Science and Society [M]. Washington, D.C.: National Academy Press, 1997: 71.

之间的关系，地理学者通常不进行测试关系的实验。在地理教学中，这种称为自然实验或者比较方法的分析技术[1]，通过比较一种特征相似而其他特征不同的若干地方，可以用来识别某个具体变量的作用。例如，学生可以通过选择世界上若干具有相似气候的地方去研究气候对生活方式的影响，找出这些地方的生活方式是否因为气候的作用而相似，或者是否因为其他因素的影响而不同。他们可能会发现半干旱地区的生活方式，从采集狩猎到畜牧业、采矿业和旅游业，各不相同。这样他们可能会因此得出气候对生活方式的影响并不强烈的结论。同样地，学生可以通过比较不同小麦产量的地方的方式去研究影响粮食产量的因素，从而识别出引起不同的变量。这些变量可能包括降雨量、土壤类型、灌溉方式、技术水平和市场距离等。

2. 解释性的概念

相互联系这一概念在地理学中有着很重要的解释作用，因为因果联系是关于前因后果的关系。这些关系包括寻求"特有的结果是用什么方法，通过什么样的网络怎样形成的"[2]地理过程和地理机制。例如，风化作用中所包括的物理和化学过程描述了天气和岩石磨损之间关系的机制，城市化的过程解释经济发展导致人口空间分布重大变化的机制。

因果关系在相互联系的现象中是双向作用的。例如，气候对自然带的形成有着主要的影响，而自然植被的移除通过改变了降水模式而对气候产生影响。如此，气候和植被带就相互联系起来了。相似地，城镇的特征会受其经济角色的影响，因此制造业型城镇、采矿业型城镇、旅游业型城镇的人口特征是各不相同的。而人口特征反过来会对地方的经济产生影响。如此，经济和人口可以视作相互联系起来了。

---

[1] Diamond J, Robinson J A. Natural Experiments of History [M]. Cambridge, MA: Belknap Press, 2011: 27.

[2] Gregory D, Johnston R, Pratt G, et al. The Dictionary of Human Geography [M]. Chichester: Wiley-Blackwell, 2009: 586.

地方间的相互联系也会产生因果关系。这些相互联系包括环境过程、人口的流动、贸易和投资的流动、商品和服务的购进、文化的作用、思想和信息的交流、政治力量、国际条约和其他关系等。它们可能存在于同一尺度的地方间,如流域内的水资源流动,或者两个城市间的贸易往来;它们也可能存在于不同尺度的地方间,如国家的政府政策对个体制造业的影响。通过流行音乐和流行服饰在不同国家之间的传播,一地的品味也被另一地的流行趋势所影响。相互联系也可以通过人从一地到另一地的迁徙建立起来,例如澳大利亚各地与移民群体所来的地方之间的联系。这些相互联系之所以重要是因为它们改变了地方之间的关系。所以,在解释一个地方是什么,特别是这个地方为什么改变时,必须要考虑它与其他地方间的相互关系。

3. 归纳性的概念

归纳是"对表明两个或多个概念之间关系的真实信息的综合"[①]。归纳性的概念是强有力的,有以下两个原因:它们总结了很多信息,使得记忆和理解更加便利;更为重要的是它们可以使学生能够将所学运用到新的环境中,并将已有知识转移到新的语境中。这样就使得学生能够提出恰当的问题并理解超出他们经验之外的环境。

例如,通过学习自然灾害,学生可以归纳出以下结论:"每一种环境都有其自然灾害。这些自然灾害对人类的影响是由人文和自然环境因素共同决定的,可以通过有准备的预防来减轻自然灾害的影响,但是不能将其消除。"这一论述综合了关于不同自然灾害的起因和应对方式相关概念的诸多信息,并告知学生:首先,每一种环境都会经历自然灾害,即使是没有热带气旋、火灾和干旱之扰的内陆城市地区;其次,自然灾害对经济的影响既是人类也是自然环境作用的结果,因此,当研究一种不熟悉的自然灾害时学生可以去

---

① Mckinney C W, Edgington W D. Issues Related to Teaching Generalizations in Elementary Social Studies [J]. The Social Studies, 1997, 88(2): 78-81.

审视自然环境之外的破坏因素,例如,他们可能会发现,植被的砍伐、湿地的消失、河道的拉直或者洪泛平原上定居点的扩张,都会造成洪水的破坏程度的加深;再次,一系列的策略可以减少自然灾害的影响,所以学生应该在单一答案之外找答案。学生通过提出恰当的问题,运用这一归纳出的结论去研究和理解任何自然灾害事件。

包括了解释机制并能够预测的归纳是极为强有力的。例如在经济地理学中,"因为地理集聚的优势,除了与自然资源紧密相连或者顾客分散,经济活动倾向于在空间上集聚"这一论述是强有力的,因为它形成了一个解释性的概念:地理集聚。所以,它可以通过运用可以预测的经济结构变化,来预测未来经济活动的模式。学生也可以通过找到不适合的实例来质疑这一归纳,这是很具有教育和地理价值的练习。

能够用于预测的归纳是极为强有力的,它提供了"现实替代方案的基础"[①]。学生能够运用自己的知识去预测将会发生什么,并通过对他们所理解的影响未来的地理过程进行思考,去探索怎样实现他们所期望的未来。这种路径使年轻人能够鉴别、改进他们自己和他人未来的行动方式。

(三) 类型三:提供新行为方式的地理知识

这一类型的强有力知识的想法源自麦克·扬的论述:就本书所用的意义而言,知识是允许能够接触到它的人去质疑它和基于它的权威,并获取自由的意识和它所提供的刺激。[②] 麦克·扬的论述意味着强有力的知识的一种类型是教给学生怎样评估关于知识本身的主张,因为这给予他们机会去成为独立的思考者,使之能够批判地看待包括那些掌权的人的意见。若想如此,学生需要知道在地理学中知识是怎样创造、检测和评估的,需要知道地理推理。

---

① Beck J. Powerful Knowledge, Esoteric Knowledge, Curriculum Knowledge [J]. Cambridge Journal of Education, 2013, 43(2): 177-193.

② Michael F D, Lambert D, Roberts C. Knowledge and the Future School: Curriculum and Social Justice [M]. London: Bloomsbury, 2014: 20.

"学习学校课程的一个重要方面就是用学科的方式去挑战或者质疑知识的主张"①,这就要求学生利用由学科所提供的认识工具去构建知识。给予年轻人超越自身知识的力量的重要性也在于使他们知道怎样寻找新知识,这不仅仅意味着具备承担学术研究的能力,也意味着找到已有的信息并加以利用。如此,年轻人就能够独立掌握社会中的信息来源。

(四) 类型四:提供新参与方式的地理知识

跟进和参与公共讨论的能力,对于成为完整且胜任的社会人是很必要的,若没有这个能力,年轻人是缺乏力量的。丽萨·维拉罕(Leesa Wheelahan)指出:"运用来自人文科学和社会科学知识的能力,为学生提供了评估政治论点和政策建议的方法,而对科学方法的全面理解,提供了参与人类应该怎样塑造和自然界关系这一讨论的机会,例如关于全球变暖的讨论。"②这是运用地理知识去考察当前问题,以及利用学科能力去整合自然、社会和人文科学知识的有力论述。

如果强有力的知识是带着学生超越自身经验限制的知识,那么地理学教给学生超出他们自身经验的关于地方的知识,一定可以被认为是强有力的。关于世界的环境、人、文化和经济多样性的知识,也许会激发学生好奇心和引起学生惊叹和敬畏。他们和其他地方的联系以及与这个世界的关联性的知识,也许会使学生形成全球公民的意识。

三、强有力的地理知识释例

我们以《普通高中地理课程标准(2017 年版 2020 年修订)》"地理 1"12 条

---

① Butt G. Master Class in Geography Education: Transforming Teaching and Learning [M]. London: Bloomsbury, 2015: 63.
② Wheelahan L. Why Knowledge Matters in Curriculum: A Social Realist Argument [M]. London: Routledge, 2010: 2.

课程内容中的地理知识为例(图3-2),①依据上述分类标准,对强有力的地理知识在我国地理课程中的呈现进行以下具体阐述。

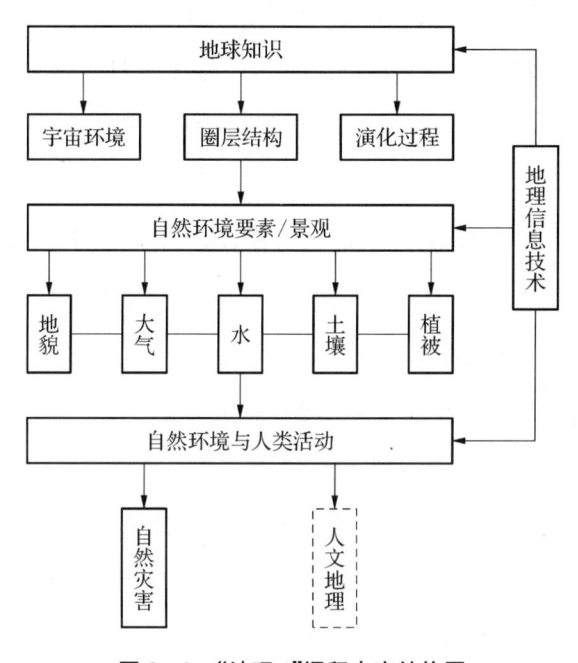

图3-2 "地理1"课程内容结构图

1.1 "运用资料,描述地球所处的宇宙环境,说明太阳对地球的影响"

地理1[内容要求]1.1是基于地球的视角,去了解宇宙环境。其中,宇宙环境包括宏观和微观两个层面:宏观上,地月系—太阳系—银河系—总星系,即地球的宇宙环境是指地球在天体系统中所处的位置;微观上,是为学习地球是太阳系中一颗既普通又特殊的行星打基础,要认识地球在太阳系中所处的位置。同时,我们还要关注到,太阳对地球的影响是有多个向度的,而这里围绕着太阳辐射对地球的影响和太阳活动对地球的影响两个方面,主要探讨太阳对地理环境和人类活动的影响。1.1是从不同尺度理解地球所处的宇宙

---

① 韦志榕,朱翔. 普通高中地理课程标准(2017年版)解读[M]. 北京:高等教育出版社,2018:69.

环境,从不同角度理解太阳对地球的影响,故而属于强有力的地理知识类型二。

1.2 "运用示意图,说明地球的圈层结构"

地理1[内容要求]1.2中,了解地球圈层结构是基础,更进一步是为了认识自然环境的组成要素,而地球圈层结构在这里是自然地理环境要素的载体。因此,如果具体到某一区域,那么该区域的自然地理要素就应包括气候、地形、土壤、水文、植被、岩石等。但若是扩展至全球,那么地球的圈层结构从更宏观的维度上看,应包括岩石圈、大气圈、水圈、生物圈四大圈层交叉而成的地球表层系统。人类属生物圈的一部分,也有人为强调人类的重要性和特殊性,单分出一个"智慧圈",这样就共有五大圈层。1.2是从系统的角度理解地球的圈层结构,故而属于强有力的地理知识类型二。

1.3 "运用地质年代表等资料,简要描述地球的演化过程"

地理1[内容要求]1.3表明若要使用地质年代资料,就需要了解什么是地质年代,界(代)划分的依据是什么,等等。那么,所建立的相应地质年代地球表面的自然图景和不同地质年代之间的关系,即是一种时空组合的视角。地球演化过程包括距今的年份、地球的基本面貌、地壳运动的情况、古生物情况等。因为是演化,所以注重动态发展的内容以及年代间的转变,最终获得对地球演化整体上的认识。1.3在描述地球演化的过程中,提供了时空综合这一新的思维方式,故而属于强有力的地理知识类型一。

1.4 "通过野外观察或运用视频、图像,识别3～4种地貌,描述其景观的主要特点"

地理1[内容要求]1.4所提及的地貌主要指带有具体成因的地表形态,如河流地貌、岩溶地貌、海岸地貌、荒漠地貌、黄土地貌、冰川地貌等。"3～4种"是指大的分类,如流水地貌、岩溶地貌等,而不是指次一级地貌。在地理学的学科框架下,描述地貌有三个维度:形态、物质组成和成因。1.4是在识别地貌的基础上,对地貌的形态、物质组成和成因进行分析,因而属于提供新理解方式的强有力的地理知识类型二。

1.5 "运用图表等资料,说明大气的组成和垂直分层,及其与生产和生活的联系"

地理1[内容要求]1.5中,大气是自然环境的重要组成部分和最活跃的因素,其组成成分与人类、生命有机体息息相关。大气是分层的,一般按大气温度随高度分布的特征,可把大气分成对流层、平流层、中间层、热层和散逸层。最下层为对流层,其主要特征为气温随高度的增加而递减、空气有强烈的对流运动、天气复杂多变,对流层贴近地面,与人类关系最密切。1.5解释了大气的组成和垂直分层,同时也提供了分析大气与生产、生活联系的基础,故而属于强有力的地理知识类型二。

1.6 "运用示意图等,说明大气受热过程与热力环流原理,并解释相关现象"

地理1[内容要求]1.6中,大气受热过程,实际上是太阳辐射、地面辐射和大气辐射之间相互转化的过程,需明确大气的热源,以及大气是怎样受热的。在大气受热过程中出现的"温室效应"及其作用,与实际生活关系密切。理解大气受热过程是理解大气运动的基础。而大气热力环流是需要阐述的一个基本原理,小到城市热岛环流,大到全球性大气环流,都可以用大气热力环流的原理来解释。1.6涉及对大气受热过程及热力环流原理的解释,故而属于强有力的地理知识类型二。

1.7 "运用示意图,说明水循环的过程及其地理意义"

地理1[内容要求]1.7中,水循环的核心是水在陆地、海洋、大气之间的形态转化和不同水体间的交换。水循环的过程包括降水、蒸发或蒸腾、径流、水汽输送等环节。水循环包括陆上内循环、海上内循环、海陆间大循环三种发生在不同空间范围的类型。水循环将水圈、岩石圈、大气圈联系了起来,表现自然界圈层和要素之间的联系以及相互影响。与此同时,水循环还促进了自然界的物质运动和能量交换,由此对气候、地貌、植被等都产生了深刻的影响;水循环还维持着地球上各水体之间的动态平衡,使淡水资源不断更新。

1.7是在分析水循环过程的基础上,了解其地理意义,故而属于强有力的地理知识类型二。

1.8 "运用图表等资料,说明海水性质和运动对人类活动的影响"

地理1[内容要求]1.8中,海水性质是指海水的温度、盐度和密度,海水温度是海水冷热程度的反映,海水盐度是指溶于海水中的盐类物质与海水质量的比值,海水密度是指单位体积内所含海水的质量;海水运动的形式包括波浪、潮汐和洋流,波浪是指水面有规律地高低起伏运动并向一定方向传播的现象,潮汐是指由于月球和太阳对地球各处引力不同所引起的水位、地壳、大气的周期性升降现象,洋流是海洋中海水沿着一定方向的大规模流动。

海水的温度反映海水的冷热状况,它受太阳辐射、海陆分布、海水运动的影响。海水的盐度随纬度的变化而变化,从赤道向两极呈马鞍形分布,它受气候中降水量与蒸发量的关系、洋流、河流径流注入的影响,高纬地区海冰的结冰量和融冰量对海水的盐度也有影响。海水的密度与海水的温度、盐度和压力有关,海水的密度随温度的增加而减小,随盐度和压力的增加而增大,大洋表层的海水密度随着纬度的增加而增大。

海水的温度变化比陆地温度变化小,所以海水对人类生存的大气环境温度具有调节作用,同时海水温度的时空分布和变化规律还影响航海、捕捞等人类活动的顺利进行。海水的盐度与人类生活密切相关:利用海水制盐,是与人类生活联系最密切的生产活动之一;此外,海水的盐度变化对鱼类和其他海洋生物有很大影响,当环境中盐度发生变化或超过它的适应范围时,海洋中的生物会不能适应而失去活动能力甚至死亡,因此海洋盐度的变化对人类渔业有着很大的影响。1.8是对海水性质的分析,并通过归纳得出了海水运动的全球模式,即洋流,故而属于强有力的地理知识类型二。同时,通过对1.8的学习,能够掌握海水性质和运动对人类活动的影响,这在一定程度上会影响学习者在实践中的行为,故而也属于强有力的地理知识类型三。

1.9 "通过野外观察或运用土壤标本,说明土壤的主要形成因素"

地理1[内容要求]1.9中,土壤通常指位于陆地表层和浅水域底部,由有机物质和无机物质组成的,具有一定肥力而能够生长植物的疏松层。主要土壤类型在专业研究中有八大类十几个二级分类,不可能将其作为选定高中地理课程土壤类型的唯一标准,可从每个大类中选择一个二级分类的土壤类型,或者不考虑一级分类,仅从二级分类中选择,如褐土、红壤、紫土、黑土、荒漠土、草甸土、水稻土等。以上分类主要是成因分类,多强调地带性因素的作用。土壤形成因素可以理解为一般形成因素,如母质、生物、气候、地形、时间等,也可以针对所选土壤类型学习其形成因素。1.9涉及对形成土壤的主要因素的解释,故而属于强有力的地理知识类型二。

1.10 "通过野外观察或运用视频、图像,识别主要植被,说明其与自然环境的关系"

地理1[内容要求]1.10中,植被分为自然植被和人工植被,是一个地区各类植物群落的总称,如森林、灌丛、草原、荒漠、草甸、沼泽等。这里的植被主要以陆地植被为主,指森林、草原、荒漠等,其中以森林最为重要,可将其细分为热带雨林、亚热带常绿阔叶林、温带落叶阔叶林、亚寒带针叶林等。植被与自然环境的关系包括两层含义:一是不同自然环境下的植被不同,它们的时空分布主要受水分的影响;二是不同植被对自然环境的作用不同。1.10是在识别植被的基础上,通过归纳得出植被在时空分布的规律,从而建立起它们与自然环境的关系,故而属于强有力的地理知识类型二。

1.11 "运用资料,说明常见自然灾害的成因,了解避灾、防灾的措施"

地理1[内容要求]1.11中,自然灾害是指发生在地球表层系统中,能造成人们生命和财产损失的自然事件。自然灾害的种类很多,例如地质地貌灾害中的地震、泥石流、滑坡,气象灾害中的台风、寒潮、干旱、洪涝,生物灾害中的虫灾、鼠灾等。由于自然灾害的广泛性与不可避免性的特点,人类在生存与发展过程中,时常要面对众多自然灾害,因此应该把"避灾、防灾的措施"作为重点。1.11的着重点在于对常见自然灾害成因了解的基础上,落实改变学习者行为的避灾和使学习者参与的防灾,故而属于强有力的地理知识类型三和地理知识类型四。

1.12 "通过探究有关自然地理问题,了解地理信息技术的应用"

地理1[内容要求]1.12中,地理信息技术是指借助计算机技术、网络传输技术、遥感技术等获取、整合、处理、生成地理信息的技术综合。有关自然地理的问题涵盖面很广,如使用遥感图像研究某种自然资源的分布、研究自然灾害;使用全球定位系统处理野外考察获得的数据并绘制地图,通过分析地图得出某种自然地理事物的空间分布、相互关系和变化等问题。1.12是在探究自然地理问题的过程中,实现对地理信息技术的应用,故而属于强有力的地理知识类型三。

第四章　社会实在论知识观下的地理课程

知识的客观性在一定程度上根植于知识生产者随着时间推移而建立起来的社会网络、制度和行为准则。[①] 正是这些社会关系网络以至关重要的方式保证了真理的主张，并赋予了知识用以生产它的新兴力量。作为过去两个世纪里社会全面变革的一部分，这些社会关系网络的结构以越来越复杂的方式发生着变化，因此任何描述这些变化的企图都潜藏着过于简单化的风险。故而只能以试探性和临时性的方法说明这些变化如何影响知识的生产和传播。

随着19世纪知识的大规模扩张，知识生产网络也随之开始扩张并融合为相互独立的学科。[②] 与此同时，作为青年人社会化的关键背景，以科目为基础的学校课程出现了。[③] 虽然不被广泛承认，但"协会准则"支撑了知识的公众合法性和客观性的不断扩大。[④] 这些"准则"在与知识生产有关的大学、专业学术组织和与知识选择和评价有关的学校科目协会间得到尊奉。尽管在过去的一个世纪里，这些社会组织得到了显著的扩张和多样化发展，但它们的专业化形式依旧是保证知识客观性的基础。

[①] Ward S. Being Objective about Objectivity: The Ironies of Standpoint Epistemological Critiques of Science [J]. Sociology, 1997, 31(4): 773-791.

[②] Collins R. The Sociology of Philosophies: A Global Theory of Intellectual Change [M]. Cambridge, MA: Harvard University Press, 1998: 526.

[③] Young M F D. The Curriculum of the Future: From the "New Sociology of Education" to a Critical Theory of Learning [M]. London: Falmer Press, 1998: 44.

[④] Ward S C. Reconfiguring Truth: Post-modernism, Science Studies and the Search for a New Model of Knowledge [M]. New York: Rowman & Littlefield, 1996: 153.

科目课程作为社会组织的知识主导形式，受到质疑也并不令人感到惊讶。一方面，它们被视为既定的，且为新保守派捍卫传统课程提供了支持；另一方面，它们的出现和扩张毫无疑问地与历史上不同社会阶层在接受教育方面的严重不平等相关，而这种不平等在某种程度上是上一个时代的遗物。正是学术专门化和社会不平等之间的联系，为对以科目为基础的课程的激进攻击提供了基础。显然，这种攻击是错误的，因为课程专门化和不平等这两种模式之间并没有相互关联的因果关系。相反，支持专业知识生产和传递的社会组织形式并不是在真空中发展起来的，与新保守主义相关的非历史知识观同样也站不住脚。然而，认识论的原因并不是首要的，技术工具主义对变革的抵制和与其对传统权威不加批判的顺从才是关键。新保守主义模式越来越被视为在知识生产方面过于缓慢，效率过低，过于精英主义，且与我们所处的竞争日益激烈的全球化社会脱节。[①] 由此导致了在压力下大学从对学科的依赖转向了对跨学科的知识生产模式的依赖，学校从基于科目的课程转向基于模块的、学术和职业研究混合的、通用技能的课程。

新保守主义和技术工具主义之间的冲突，可以看作知识生产模式和课程组织在下述维度上的冲突：从学科和科目间的隔离到联系，从通用知识和职业知识间的分离到整合，从专门化和线性排列作为课程准则到概括和模块作为课程准则。新保守主义者认为知识的生产和传递最好是通过隔离的、专门的、线性的和分层的模式。与此同时，他们忽略了正在使这一模式受到质疑的政治和经济变化，以及与其相关的机会和结果的不平等。相反，技术工具主义者则更倾向于支持联系的、综合的、模块的课程模式。他们清楚地意识到全球经济的变化以及这种变化所带来的影响，并从呼吁基于技能的课程的雇主那里了解知识和学习的需求。然而，他们的课程提案并没有以类似科目协会这样的传统网络和行为准则为社会基础，他们的课程提案也因此引发了

---

① Nowotny H, Scott P, Gibbons M. Rethinking Science: Knowledge Production in an Age of Uncertainties [M]. Cambridge: Polity Press, 2001: 207.

人们对真正的学习是否发生了的质疑。

从社会实在论的角度来看,新保守主义者和技术工具主义者的观点均是错误的。任何以知识的获取为基础的课程,均依赖于社会网络和行为准则来获得客观性。过去的旧课程①,毫无疑问是精英主义的,受到了来自技术工具主义者和后现代主义者对其抵制变革的批判。科目的社会组织者超越了他们的精英出身,成为知识生产和知识获取的基础。离开了社会网络和行为准则,新型课程也只不过是对新保守主义模式的修正。它应继续在与旧课程相关的科目专家的现有社会网络支持下,将其扩展到新形式的评估和新的模块方案。在重申了要将知识的生成性和知识更广泛的社会基础考虑在内之后,社会实在论知识观为课程社会学的发展提供了可能的路径。

第一节 课程社会学视域下的课程理论危机

课程理论应以"学生能够有权学到什么"为出发点。② 一方面,教育者有责任将前人的知识传递给下一代,而正是这种传承使我们成为永恒历史的一部分;另一方面,在当代,课程教授的目的已不仅仅是传递过去的知识,还应包括使下一代在已有知识的基础上去创造新知识,因为这是人类社会进步和个人发展的源泉。

"传递过去的知识"和"能够利用已有知识去创造新知识"这两个目标之间的相互依赖,以及使更多的人获得达到目标所需要的能力,是课程理论家、课程设计者和教师所要面对的难题。它需要打破或至少"超越"我们从过去继承

---

① Young M. Knowledge, Learning and the Curriculum of the Future [J]. British Educational Research Journal, 1999, 25(4): 463-477.

② Short E C, Waks L J. Leaders in Curriculum Studies: Intellectual Self-Portraits [M]. Rotterdam: Sense Publishers, 2009: 219.

下来的教育路径——具有欧洲传统特点、与世界上受儒家传统影响的区域也有着相似之处的教育路径。这一路径继承了课程是"神圣"的来源这一观点，且自19世纪以来这些"神圣"逐渐世俗化，形成了我们所熟知的大学里的学科和学校里的科目，其影响也日益全球化。[①] 然而，尽管这种路径带来了知识的增长和教育机会的增加，但至少到目前为止，它并不能带来"全民教育"的完全民主。由此，这一路径引发了对"神圣"理念的批判和否决，不相信"知识建立在知识之上"而相信学习者与生俱来的能力。这种进步的、以学习者为中心的路径认为，只有当学习者从簇拥"神圣"的束缚中解放出来，从过去固有的排他性传统中解放出来，学习者的自然潜能才能实现。

教育解放的可能性有两种截然不同的模式：一种模式是相信知识，相信知识固有的开放性——我们知道的越多就越觉得所知甚少。对于这一传统，教师不仅是学习的促进者，也是他们专业领域的教学权威。而这一模式的脆弱性，一方面与知识所具备的日益专门化形式和对知识可及的限制有关，另一方面与教育这一专业领域中新知识的资源少之又少有关。

另一种模式是相信学习者的解放能力。有观点认为，信息技术在提高学习能力方面的潜能是巨大的，如果教师允许学习者不受限制地获取互联网上的海量信息资源，那么有效学习就能成为所有人的常态而非局限于少数人。尽管这一论点表面上很具有说服力，但没有证据表明，有广度且可获取的信息资源本身能够促进真正的学习。这一模式的不妥之处在于，将每个人所具有的体验式或非正规的学习，与学校和教师所提供的超越自身经验的学习模式混为一谈。

课程理论的任务应是超越相信知识或相信学习者的解放能力这两种模式，去识辨限制课程选择的因素，并去探索其对教学的启示。然而，课程理论在"获取知识"方面的作用被严重忽略，这就导致了课程理论危机的产生。这

---

① Meyer J, Kamens D, Benavot A. School Knowledge for the Masses: World Models and National Primary Curricular Categories in the Twentieth Century [M]. Abingdon：Routledge，2017：165.

种危机并不是课程理论或课程研究忽视了知识内容的问题[1],而是表现为课程理论不再讨论关于真理的认识论问题,不再关注不同形式知识的可靠性问题,不再重视课程知识所具备的哲学与社会学维度的意义。[2]

一、作为研究领域的课程

雷蒙德·卡拉汉(Raymond Callaghan)在其著作《教育与效率崇拜》(*Education and the Cult of Efficiency*)中指出,课程理论最初在美国出现是为了解决校长们所面临的问题。[3] 早期的课程理论家,例如将弗雷德里克·泰勒(Frederick Taylor)提出的"科学管理"应用于增加工厂生产效率的约翰·富兰克林·博比特(John Franklin Bobbitt)[4],相信制造业的经验同样可以成功地运用到学校中来。学校的目标,亦即"何为所学",被认为是理所当然的,因此课程理论被诠释为指令和教学资源的有效组织。迈克尔·阿普尔(Michael Apple)[5]和威廉·派纳(William Pinar)[6]最早提出了批判,他们的早期作品改变并"解放"课程理论研究领域,从而得以摆脱博比特和泰勒所带来模式的僵化和乏味。

与此同时,在英国,"博雅教育"这一概念十分流行。[7] 教育哲学家保罗·赫斯特(Paul Hirst)和理查德·斯坦利·彼得斯(Richard Stanley Peters)对作为课程概念的博雅教育进行了更为正式的表达[8],而也正是他们对博雅教育的系统

---

[1] Connelly F M, He M F, Phillion J. The SAGE Handbook of Curriculum and Instruction [M]. Thousand Oaks: Sage Publications, 2007: 66-87.
[2] Hirst P H, Peters R S. The Logic of Education [M]. London: Routledge, 2012: 60-73.
[3] [美]卡拉汉.教育与效率崇拜:公立学校管理的社会影响因素研究[M]. 马焕灵,译. 北京:教育科学出版社, 2011: 10.
[4] Bobbitt J F. The Curriculum [M]. New York: Houghton Mifflin, 1918.
[5] Apple M W. Ideology and Curriculum [M]. New York: Routledge, 2018.
[6] Pinar W F, Reynolds W M, Slattery P, et al. Understanding Curriculum: An Introduction to the Study of Historical and Contemporary Curriculum Discourses [M]. New York: Peter Lang, 1995.
[7] 沈文钦. 近代英国博雅教育及其古典渊源——概念史的视角[D]. 北京:北京大学, 2008.
[8] Hirst P H, Peters R S. The Logic of Education [M]. London: Routledge, 2012: 17-41.

阐述,受到了来自社会学角度的挑战,并由此发展为我们所知的"新教育社会学"。[1] 20世纪70年代课程理论发展的意义在于,它以全新的方式扩展了课程研究领域,并带来了各种各样的创新实证研究。[2] 与此同时,它也政治化了课程研究领域[3],为吸收"批判教育学"的激进辞藻铺平了道路[4]。批判课程理论的要点在于明确了课程不是既定的且总是体现了普遍的权力关系,提出了课程是"有权者的知识"[5]。然而,由于只关注了谁有权定义课程,这一传统忽视了某些形式的知识在某种程度上能够给予所有者更多的力量。尽管对"有权者的知识"的关注有其优势,但不可避免地将分析的重点从学校转向了更广泛的社会权力分配,因此并未能给教师或寻求更为公平的课程政治行动提供有效的帮助。

正是在从早期课程理论相关的指令式技术主义向意识形态批判转变的过程中,课程理论失去了或是说正在失去它的首要目标:学校里所教为何、所学为何。因此,课程理论也失去了它在教育研究中的独特作用。学校的特殊性这一"客体的丧失",虽然为哲学、文学和文化研究学者打开了课程理论研究的大门,但他们并未对学校课程给予关注;与此同时,政府与课程设计者越来越不将课程领域的理论家视为专家,这在某种程度上反映了政策制定者和课程理论家之间的分歧。课程理论家放弃了他们独特的专家角色,忽视了所应教授的内容和为何那么多学生在学校里所学甚少。这些问题不会消失,且原则上课程理论最适合来解决这些问题。

---

[1] Young M F D. Knowledge and Control: New Directions for the Sociology of Education [M]. London: Collier Macmillan, 1971.

[2] Goodson I F. School Subjects and Curriculum Change [M]. London: Routledge, 2013.

[3] Young M, Whitty G. Society, State and Schooling: Readings on the Possibilities for Radical Education [M]. Ringmer: Falmer Press, 1977.

[4] McLaren P. Life in Schools: An Introduction to Critical Pedagogy in the Foundations of Education [M]. London: Routledge, 2015.

[5] Young M F D. Bringing Knowledge Back in: From Social Constructivism to Social Realism in the Sociology of Education [M]. London: Routledge, 2008.

二、课程理论危机的根源

那么,为什么课程理论会出现这种危机呢?

首先,是因为人们不再将专门化视为新知识的主要来源,教育研究当然也没有例外。对精英主义的遗产"博雅教育"的批判[1]和对狭隘的指令式模式的批判,都是对早期想当然的知识假设的质疑。然而,它们都没有形成自己的知识理论,也就没有形成对不同形式的课程知识的关注。因此,课程理论研究领域从应对不同形式课程的理论关注偏向了对权力、身份认同等的政治关注。然而,对课程本身的关注,用皮埃尔·布尔迪厄(Pierre Bourdieu)的话说,即"主导性文化专断的任意嵌入"[2]并未能增加对课程替代设想的知识。受布尔迪厄启发所形成的智力领域的权力斗争理论确有一席之地,但因为没有提出适合当代社会的课程替代方案,故而并未能解决教师和课程设计者不可回避的任意性限制问题。我们要把课程作为实践和探究的对象,认识到在权力和政治、认识论等限制因素作用下,无论权力如何分配,无论知识如何被"选择、定速、排序"[3],都会对学习者和他们在学校的学习内容产生影响。

其次,是因为学校的大规模扩张,反而导致人们对学校潜在的解放作用失去了信心。在一定程度上,这是全球资本主义压力下人们越来越关注教育手段而非教育目的的结果。年龄越来越小的学生被学校鼓励从未来职业的角度,或者至少从进入下一个教育阶段的角度来思考如何进行成功的学习。这种对教育手段的关注,将学习者的学习动机从内部目的——通常表达为"为了学习本身的学习",这被视为精英主义,但对所有学生的智力发展至关

---

[1] Williams R. The Long Revolution [M]. Peterborough: Broadview Press, 2001: 145-179.
[2] Bourdieu P, Passeron J C. Reproduction in Education, Society and Culture [M]. London: Sage Publications in Association with Theory,Culture and Society, 1990: 22.
[3] Bernstein B. Pedagogy, Symbolic Control, and Identity: Theory, Research, Critique [M]. London: Rowman & Littlefield, 2000:12-13.

重要——转向了外部目的,例如就业能力。然而,教育研究本身也发挥了作用,尤其是对于教育社会学中的一些趋势——学校在资本主义社会中的角色是阶级关系的再生产,并将学校和收容所、监狱相提并论。[1] 这些观点并不是错误的,抑或没有提供重要的见解。问题在于,这样很容易陷入对学校作用的唯一描述,使得我们没有空间去思考学校能够向所有学生提供的政治上不那么对立但又同样重要的学习机会。学习者如若想成功,就必须遵守那些由外部既定的且强加去体验的规则。课程理论把规则视为权力或意识形态的表达,使得"遵守规则"和"超越规则"之间的紧张关系在课程理论中消失,并误导性地把学习任何没有短期经济效益的东西视为"纯粹的学术"。

最后,是因为教育研究者越来越普遍地接受知识本身没有内在的意义或有效性的观点。这样,教师所要面对的问题就仅仅局限于"这门课程对我的学生是否有意义"而不是"这门课程给我的学生提供了什么意义"或者"这门课程是否让学生超越他们自身的经验,从而能够探索基于现实世界的另外的可能性"。课程理论家没有关于知识的理论,而教师"对知识恐惧"以致将知识视为威胁[2],就形成了将学习者视为个体而非社会存在的过于心理化的路径。首先,这样的路径忽略了教学要素是教师角色中不可或缺的部分。父母将孩子送到学校是为了让他们掌握在家中无法获得的专业知识。其次,这样的路径没有认识到虽然知识可以被强加体验,但这不是知识本身的特征。通过适当的教学,建立起学习者和知识之间的关系,可以让学习者得以解放,从而获得新的想法并去思考那些尚未思考过的问题。[3]

因此,课程理论不应以作为学习者的学生为出发点,而应以学生的知识获取权利为始点。课程理论需要一套知识理论,来分析和批判现有课程并探

---

[1] Foucault M. Discipline and Punish [M]. London: Penguin Books, 1991.
[2] Young M. Overcoming the Crisis in Curriculum Theory: A Knowledge-based Approach [J]. Journal of Curriculum Studies, 2013, 45(2): 101-118.
[3] Lauder H, Young M, Daniels H, et al. Educating for the Knowledge Economy? Critical Perspectives [M]. London: Routledge, 2012: 211-223.

索课程可以采用的不同形式。教育社会学,更确切地说是课程社会学,在"谁定义了课程的知识"这一政治问题上花费了过多的笔墨。不可否认,这一问题有其重要性,但它导致了对知识本身的忽视。那么,将"知识权利"作为目标的课程又是什么样子的呢?

第二节 对未来地理课程的构想

课程作为一种"社会事实"[①],它不可化简为个体的行为、信仰或动机,它是一种结构——限制了教师和学生这些主要课程参与者,同时也限制了课程设计者。[②] 然而课程不仅仅限制了我们,它也使得我们学到一些不通过课程就无法学到的东西成为可能,同时它还对我们在学校里或其他教育机构能够学到知识,设置了限制。如此,课程就有了特定的目的。当代的课程及其构成要素,不可避免地与早期的课程关联着,一方面是因为它们被理所当然地认为是传递知识的唯一途径,另一方面是因为它们被视为有效的学习工具。这在某种程度上承认了课程在知识代代相传方面的核心作用。课程并不意味着特定的教育模式,然而它们却随着对学习者能力不同程度的预设而不同。因此,不论是个别学校的课程还是国家课程,它们都是为了特定的目的而设计出的结构。这也正是关于知识的假设将课程定义为一种结构的原因。自建立之初至今,学校越来越成为能够实现特定目标的专门机构。学校的首要关注点应在于为所有学生提供获取知识的途径,因为人类繁荣的前提是获得知识[③],而正是学校的课程解决了教授"什么知识"这一关键问题。

---

① Durkheim É. The Rules of Sociological Method [M]. Chicago: University of Chicago Press, 1938.
② Young M. What is a Curriculum and What Can It Do? [J]. The Curriculum Journal, 2014, 25(1): 7-13.
③ Cigman R. We Need to Talk about Well-being [J]. Research Papers in Education, 2012, 27(4): 449-462.

作为社会事实的课程对学生能够学到什么起到了约束作用,尤其是通过科目之间、课程与学生的校外经验之间的边界来约束。然而这些边界也不仅仅是约束,它们同时也为学生能够学到知识以及在学习中进步提供了可能性。这些可能性能够在多大程度上实现,取决于一系列因素。有的因素是学校内部的,例如校长的课程领导方式和全体教师的专业能力;有的因素是学校外部的,例如整个社会和学校所在区域的机会分配。学校的独特性在于能够为各个年龄段的学生提供机会,使他们超越自身带到学校的经验并获得与这些经验无关的知识,这也是为什么课程对于教育工作者来说是至关重要的。正是这种"语境自由"的强有力的知识[1],能够使学生"思其未所思"[2]。社会实在论给予课程中传授的知识以优先权,这就为识别潜在的趋势和构想可能的未来课程提供了更为可靠的基础。

一、未来课程的三种可能路径

承认知识的必然客观性,同时承认知识是从其生产和获取的语境中生成出来的且不能化简,是对未来进行可靠预测的条件。与此同时,社会实在论蕴含了对未来趋势思考的明确的历史路径。将社会实在论知识观与最近在社会科学和哲学领域关于知识的辩论中设定术语的两种路径加以区分。第一种路径,以逻辑实证主义及其在社会科学中的经验主义相似性为象征,可以被描述为调用一种非社会性或"社会化不足"的认识论,该认识论将知识定义为一组可验证的命题和验证它们的方法。这一路径将在特定历史语境和特定学科边界内的社会生产视为理所当然的。第二种路径,正是对第一种路径的直接回应,即"过度社会化",淡化了知识的命题特征,将认识论问题简化为"谁知道"以及对知识分子和他们行为的认同。相比之下,社会实在论

---

[1] Young M, Muller J. On the Powers of Powerful Knowledge [J]. Review of Education, 2013, 1(3): 229-250.

[2] Lauder H, Young M, Daniels H, et al. Educating for the Knowledge Economy? Critical Perspectives [M]. London: Routledge, 2012: 211-223.

将知识视为致力于寻求真理的系统的概念和方法的集合。

通过强调知识的社会分化，社会实在论挑战了一种普遍认同假设——边界总是用来跨越的障碍，而非创新和生产、获取新知识的条件。边界在创造学习者的身份认同方面扮演着重要的角色[①]，因此成为获得"强有力的知识"的条件。故而，教育的未来并不一定是更为灵活的、可迁移的、透明的；将在学校的学习和在家、工作场所和社区的学习区分开来是很重要的；经验本身不能作为唯一的或主要的课程基础；且由于学习者实际上并不能够"构建"自己的学习，教师的角色应该是专业知识的来源，而不能被简化为指导者和促进者。

边界的作用和知识的社会分化，是从知识社会学中提取的识别未来课程的三种可能路径的两个关键原则。基于此，未来课程的三种可能路径[②]分别是：

未来1(Future 1)：边界是既定的和固定的——"未来"是和"社会化不足"的知识概念相关联的；

未来2(Future 2)：边界的终结——"未来"是和"过度社会化"的知识概念相关联的；

未来3(Future 3)：边界的维持居于边界的跨越之前——在该种"未来"中，两者之间的变量关系成为生产和获取新知识的条件。

（一）未来1课程

每一种大众教育体系都有其主要的但并不是唯一的精英体系起源。精英体系是将精英文化知识传递给"被选中的少数人"，同时引入了统治阶级的知识传统以保证他们的主导地位。这种知识传统绝大多数是静态的，因为它们的边界被凌驾于知识所固有的动态性和开放性的社会责任所固定，因而它们是保守的。19世纪末期，三股民主化的社会力量压制了这种精英模式：第

---

① Bernstein B. Pedagogy, Symbolic Control, and Identity: Theory, Research, Critique [M]. Oxford: Rowman & Littlefield, 2000:7.

② Young M, Muller J. Three Educational Scenarios for the Future: Lessons from the Sociology of Knowledge [J]. European Journal of Education, 2010, 45(1): 11-27.

一股力量是下层人民对增加教育机会的普遍需求;第二股力量是"强有力的知识"的爆炸,挑战了传统课程中"当权者的知识"这一理念;第三股力量是女权主义和后殖民主义社会运动开始纳入。未来1课程代表着精英体系继续的尝试,同时尽可能少地对更广泛的社会力量开放。在这个意义上,未来1课程是社会分歧、社会不平等、社会不满和社会冲突的根源。精英课程公开并严格规定进度的形式被认为是产生这种不平等的机制,同时它的有界性被认为是主要的问题。未来1课程所处的教育体系,几乎没有创新的来源。教育和更为广泛的社会语境将继续以两个平行世界的形式而存在。如此,将边界视为既定的而非社会的,成为未来1课程对现有权力关系维持和合法化的基础。虽然并不存在纯粹的未来1课程,但是认为未来1课程没有未来也是错误的。因为未来1课程的很多元素在课程体系中是挥之不去的,而且有可能会一直延续到未来。[①]

(二) 未来2课程

未来2课程诞生于对未来1课程"累进"的反对中,它设想边界稳定地削弱、知识和机构分化的消除、劳动力市场的模糊,更强调一般性成果而非将投入作为平等和问责的工具。在某种程度上,未来2课程这种以学习者为导向的趋势,加之数字技术的引入,得到了广泛的认可,并带来了教学的去专业化和教育研究的去专门化。

对于那些寻求边界弱化和消除分化者来说,课程的"选择工具"是模块化。边界的弱化,可以有以下很多种组合:科目和学校知识、日常知识之间的边界被弱化,形成了学校科目间的整合;科目和知识领域之间的边界被弱化,形成了对课程内容的一般规定,通常是技能或者结果类的术语;不同学习者的学业成绩之间的边界被弱化,促进形成性评价超过总结性评价;学术教育

---

① Fitz J, Davies B, Evans J. Education Policy and Social Reproduction: Class Inscription and Symbolic Control [M]. London: Routledge, 2005: 81-94.

和职业教育之间的边界被弱化,使得国家统一资格框架被引入;专家和新手学习者之间的边界被弱化,使得促进式教学而非指令性教学得到了推广。

教育的边界是社会的,但同时也是实在的,而非任意的。这些边界至少在短期内是不能被消除的。这种消除分化的机制最有可能通过边界的隐匿来实现。也就是说,那些认可进步主义教学的未来 2 课程的主要作用,是使知识和学习的轮廓不为进步主义教学所要培养的学习者所知。这些学习者,通常是落后于同龄人的低收入家庭的孩子。

未来 1 课程会产生分层和阻力,未来 2 课程同样会产生分层,但更为隐蔽。未来 2 课程隐蔽的分层,带来了各种个性化的"退出"策略,同时助长了正在瓦解的公共文化。未来 2 课程的支持者通过否认专家知识的特殊价值、含蓄地承认所有文化形式都是平等的、不加批判地颂扬经验知识,在不知不觉中使这一趋势合法化。

"边界的终结"的未来 2 课程,并不可能在精英阶层、私营部门共和机构中导致专业知识的消失。更有可能的是,公共教育将取代不平等的知识获取机会,获得学历机会的增加带来了学历的"膨胀",学历竞争带来了使用价值和交换价值越来越低。探究边界在新知识的生产和获取中的角色,使我们得知,尽管迷恋无论如何都要提高市场和个人选择的新自由主义者和想从专家权威中解放学习者的激进社会建构主义者之间存在明显的政治立场差异,他们还是共享着一个潜在的认识论上的相似性。两者都是以工具性的知识观为终结,这必然带来相对主义的结果。未来 1 课程和未来 2 课程在这个意义上来说,就像是认识论的镜像双胞胎,它们可能在宣称的修辞、方式和目标上有所不同,但它们的最终结果却惊人地相似。

(三) 未来 3 课程

对未来 1 课程和未来 2 课程的批判和分析,产生了未来 3 课程。它从某种意义上阐述了社会实在论知识观能够提供什么,以及如果我们对未来课程的构想具有可靠性,我们为什么需要社会实在论知识观。未来 3 课程是基于这样的一种假设,即强有力的知识是在特定社会条件下生产和获取的。这些条件不是既定的,它们既是历史的,同时也是客观的。它们的历史性在未来 1 课程中被否定——边界被想当然地认为是既定的,它们的历史性和客观性在未来 2 课程中同时被否定。未来 2 课程使得越来越没有边界和碎片化的全球分化消除了,以及对自下而上的新社会运动潜力的乐观估计。① 相比之下,未来 3 课程强调了边界的持续作用,不论是在大脑中,抑或在心理,抑或在人类的实践世界,这些边界都不是既定的实体。但是在定义特定领域的全球专家社群中,这些边界是新知识生产和获取的基础以及更为广泛的人类进步的基础。

二、未来 3 地理课程

在未来,关于知识最重要的一点是去理解为什么有些形式的知识倾向于专门化,而有些形式的知识倾向于多样化。这些知识发展的不同趋势对于课程和广义的教育均有着重要的影响。倾向于专门化的第一种趋势提出了关于课程知识的选择、定速和排序的问题;倾向于多样化的第二种趋势则提出了关于课程中应该包括什么的选择问题,没有任何客观的标准。知识形态和课程组织之间的密切联系,是社会实在论知识观下的课程想要力图阐明的。

学科的终结似乎成为一种流行[2],但直至如今,学科依然顽强地存在着。诚然,学科也在不断地去变化和适应,就像所有强健的社会形态一样。新学科会在现有学科的基础上,周期性地出现。它们首先以"领域"的形式

---

① Santos D S, B. Toward an Epistemology of Blindness Why the New Forms of "Ceremonial Adequacy" neither Regulate nor Emancipate [J]. European Journal of Social Theory, 2001, 4(3): 251-279.
② Nowotny H, Scott P, Gibbons M. Rethinking Science: Knowledge Production in an Age of Uncertainties [M]. Cambridge: Polity Press, 2001: 37.

呈现①，或者围绕新问题以群组的形式出现在现有学科中，接着逐渐形成独立可辨并有着稳定社群的形式。正是因为知识的边界不是任意的，且所培育的内在形式和社会关系支持着新学科成为稳定的社会认知形式。这些形式是由适合各种形式的边界强度决定的，因此也由各种知识形式的发展或增长来决定。

概念发展形式和客观性形式的不同，导致了学科各不相同。有些学科倾向于强健的、概念上合理的进步。它们的知识结构是由不断进步的且趋向于统一的概念体系决定的。这类概念发展对课程的影响在于这些学科以其成熟的形式发展了"抽象的分层"②，使得基于此的科目最好是通过专家的指导有序地学习，数学和自然科学是最明显的例子。这些学科在特定意义上可以说是概念丰富。可这并不表明它们囊括了大量的概念，因为它们有着层级结构的概念序列。还有些学科倾向于多样化的概念进步，然而，它们更多的却是关注不同内容或内容群组而非概念，尽管这些学科通常涉及宏观概念的组织原则。地理学就是这样的学科。

所有学科，为了成为学科，都有着共同的研究对象；为了拥有强健且稳定的客观性，都有着合法、共享、稳定可靠的方法来生成真理。③ 地理学当然也不例外。真理，根据这种说法，就是研究对象和知情的从业者社群之间存在的稳定关系。然而，根据研究对象是自然的还是社会的，学科表现出不同但等价的客观性。研究对象的社会性越强，它被纳入学科概念的限度就越大。强调知识的客观性是为了恢复对专门知识的信赖。④

---

① Bernstein B. Pedagogy, Symbolic Control, and Identity: Theory, Research, Critique [M]. Oxford: Rowman & Littlefield, 2000:52-56.

② Vergnaud G. The Theory of Conceptual Fields [J]. Human Development, 2009, 52(2): 83-94.

③ Young M, Muller J. Truth and Truthfulness in the Sociology of Educational Knowledge [J]. Theory and Research in Education, 2007, 5(2): 173-201.

④ Collins H, Evans R. Re-thinking Expertise [M]. Chicago: University of Chicago Press, 2007: 1-7.

对未来 3 地理课程的构想，需要考虑的主要原则包括：

专门化的形式。基于"强有力的知识"是专门化的设定，专门化在大学课程中以不同学科间边界的形式呈现，而这些边界是由概念、涵盖或排除和推理论证的规则来定义的。而学校课程更侧重于教学目标而非研究目标，学校中的科目是对学科的"再语境化"。从这个意义上说，再语境化是对课程内容的选择、定速和排序，同时考虑了学科的连贯性和学生在不同发展阶段的学习能力。换句话说，虽然研究者和大学教师会在很大程度上受限于认知标准，但是中小学教师却还需要将教学标准、学生的知识、经验和潜能纳入考虑的范畴。这种差异并不是课程内容的差异，而是课程结构和课程顺序的差异。如何实现再语境化，不同学科的实现方式有着巨大的差异。

国家课程与学校课程的关系。国家课程应限制在对核心科目的关键概念的范畴内，并应该与学科专家密切合作去设计。这种对国家课程的限制，保证了学校和教师的自主权，也考虑到不同学校所具有的不同文化、资源、历史和背景。与此同时，这也使得所有的学生拥有了共同的知识基础。

课程知识与日常知识的区别。课程知识和日常知识的区别在于它们是由不同结构和目的的概念构成。孩子们在成长过程中获得的日常概念能够使他们理解特定语境下的世界。经验在一定程度上可以理解为获得越来越多的具体语境的概念。然而日常概念的连贯性是与具体的语境相关联的，如若没有学习基于科目的课程的机会，孩子们的理解就难以避免地局限在了具体的语境里。与之相反，课程概念并不与特定的语境相关联，它们之间和与科目相关的基本理论之间相互联系，并由学科专家提供支持。正是这种在结构上的差异，使得获得学科概念的学生能够超越自身经验去概括，并为课程及其与更广泛的学校目标的联系提供了教育理论基础。

教学与课程的区别。教学在某种意义上是指教师做什么以及让学生做什么，然而教学也不仅仅是一种实践活动，它既取决于教师所具备的科目知识，也取决于教师所具备的关于学生个体以及他们如何学习的知识。虽然课程是指学生有权知道什么,但它并未将学生的经验涵盖进来。对于学生和教师,学生的经验是重要的学习资源。但是学生的经验千差万别,而且学生来到学校并不是为了学习他们从经验中已经学到的东西。

未来 3 的社会实在论取向坚持学科主导、科目本位的课程。[①] 因此,未来 3 地理课程仍是以地理学科"再语境化"所形成的地理科目为基本形式,以同时具备客观性和历史性的强有力的地理知识为主要内容,强调学科边界的持续作用。

按照上述标准,我国《普通高中地理课程标准(2017 年版 2020 年修订)》所呈现的高中地理课程文本,是具备未来 3 地理课程的特征的(见图 4-1、表 4-1、表 4-2)。但是,课程文本能否按照课程设计的本意得以实施,又由另一个重要的环节——课程知识的传递,即教学,来实际决定。

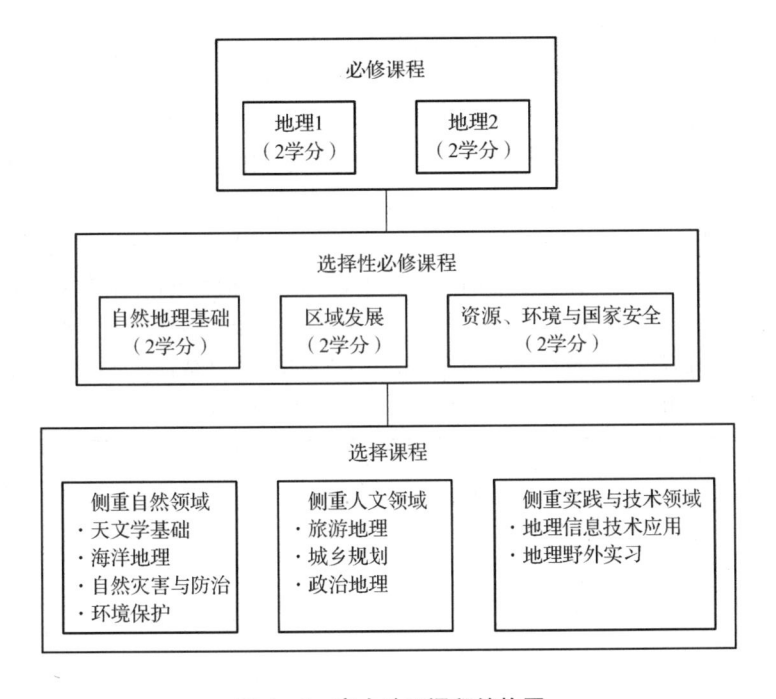

图 4-1 高中地理课程结构图

[①] 许甜. 从社会建构主义到社会实在论:麦克·扬教育思想转向研究[M]. 北京:清华大学出版社,2018.

表 4-1 "地理 1"和"自然地理基础"的内容要求表

地理 1	自然地理基础
1.1 运用资料,描述地球所处的宇宙环境,说明太阳对地球的影响 1.2 运用示意图,说明地球的圈层结构 1.3 运用地质年代表等资料,简要描述地球的演化过程 1.4 通过野外考察或运用视频、图像,识别3~4种地貌,说明其景观的主要特点 1.5 运用图表等资料,说明大气的组成和垂直分层,以及与生产和生活的联系 1.6 运用示意图等,说明大气受热过程与热力环流原理,并解释相关现象 1.7 运用示意图,说明水循环的过程及其地理意义 1.8 运用图表等资料,说明海水性质和运动对人类活动的影响 1.9 通过野外观察或运用土壤标本,说明土壤的主要形成因素 1.10 通过野外观察或运用视频、图像,识别主要植被,说明其与自然环境的关系 1.11 运用资料,说明常见自然灾害的成因,了解避灾、防灾的措施 1.12 通过探究有关自然地理问题,了解地理信息技术的运用	1.1 结合实例,说明地球运动的地理意义 1.2 运用示意图,说明岩石圈物质循环过程 1.3 结合实例,解释内力和外力对地表形态变化的影响,并说明人类活动与地表形态的关系 1.4 运用示意图,分析锋、低压(气旋)、高压(反气旋)等天气系统,并运用简易天气图,解释常见天气现象的成因 1.5 运用示意图,说明气压带、风带的分布,并分析气压带、风带对气候形成的作用,以及气候对自然地理景观形成的影响 1.6 绘制示意图,解释各类陆地水体之间的相互关系 1.7 运用世界洋流分布图,说明世界洋流的分布规律,并举例说明洋流对地理环境和人类活动的影响 1.8 运用图表,分析海—气相互作用对全球水热平衡的影响,解释厄尔尼诺、拉尼娜现象对全球气候和人类活动的影响 1.9 运用图表并结合实例,分析自然环境的整体性和地域分异规律

表4-2 "地理2"和"区域发展""资源、环境与国家安全"的内容要求表

地理2	区域发展	资源、环境与国家安全
2.1 运用资料,描述人口分布、迁移的特点及其影响因素,并结合实例,解释区域资源环境承载力、人口合理容量 2.2 结合实例,解释城镇和乡村内部的空间结构,说明合理利用城乡空间的意义 2.3 结合实例,说明地域文化在城乡景观上的差异 2.4 运用资料,说明不同地区城镇化的过程和特点,以及城镇化的利弊 2.5 结合实例,说明工业、农业和服务业的区位因素 2.6 结合实例,说明交通运输方式和交通布局与区域发展的关系 2.7 以国家某项重大发展战略为例,运用不同类型的专题地图,说明其地理背景 2.8 结合实例,说明国家海洋权益、海洋发展战略及其重要意义 2.9 运用资料,说明南海诸岛是中国领土的组成部分,钓鱼岛及其附属岛屿是中国固有领土,中国对其拥有无可争辩的主权 2.10 运用资料,归纳人类面临的主要环境问题,说明协调人地关系和可持续发展的主要途径及其缘由 2.11 通过探究有关人文地理问题,了解地理信息技术的应用	2.1 结合实例,说明区域的含义及类型 2.2 结合实例,从地理环境整体性和区域关联的角度,比较不同区域发展的异同,说明因地制宜对于区域发展的重要意义 2.3 以某大都市为例,从区域空间组织的视角出发,说明大都市辐射功能 2.4 以某地区为例,分析地区产业结构变化过程及原因 2.5 以某资源枯竭型城市为例,分析该类城市发展的方向 2.6 以某生态脆弱区为例,说明该类地区存在的环境与发展问题,以及综合治理措施 2.7 以某区域为例,说明产业转移和资源跨区域调配对区域发展的影响 2.8 以某流域为例,说明流域内部协作开发水资源、保护环境的意义 2.9 结合"一带一路"建设,说明国际合作的重要意义	3.1 结合实例,说明自然资源的数量、质量、空间分布与人类活动的关系 3.2 以某种战略性矿产资源为例,分析其分布特点及开发利用现状 3.3 运用图表,解释中国耕地资源的分布,说明其开发利用现状,以及耕地保护与粮食安全的关系 3.4 结合实例,说明海洋空间资源开发对国家安全的影响 3.5 运用碳循环和温室效应原理,分析碳排放对环境的影响,说明碳减排国际合作的重要性 3.6 结合实例,说明设立自然保护区对生态安全的意义 3.7 结合实例,说明污染物跨境转移对环境安全的影响 3.8 举例说明环境保护政策、措施与国家安全的关系

第五章 社会实在论知识观下的地理教学

地理课程知识的选择和组织,还要在真实的学校教育情境下,经过地理课程知识的传递——地理教学——才能实现。本研究采用的是国际上比较流行的社会学质性研究方法。这一方法依托扎根理论和基于该理论开发的 NVivo 12 软件。这里,在前文所创建的社会实在论知识观下的地理知识和地理课程的基础上,通过理论抽样,经由开放编码、主轴编码和核心编码,对 6 位高中地理教师的 18 节地理课堂教学视频进行深入挖掘,探索他们教学的构成要素,并进一步归纳社会实在论知识观下的地理教学模式。

第一节 基于 NVivo 12 软件的课堂教学视频研究

一、NVivo 12 软件

NVivo 是由澳大利亚 QSR(Qualitative Solutions & Research)公司研发的一款强大而灵活、支持定性和混合方式搜索的质性分析软件。NVivo 为 Nudist 和 vivo 的组合词,其中 Nudist 的全称为 Non-numerical Unstructured Data by Techniques of Indexing, Searching and Theorizing,即非数值、无结

构数据索引、搜寻与理论化。vivo 意为自由自在。窗口接口版的 Nudist 简称为 NVivo。本研究使用的 NVivo 12 软件，是专为大规模质性研究项目而设计的，并提供了一系列强大的数据导入、管理和分析功能。

（一）NVivo 12 软件的组成与功能

启动 NVivo 12 软件后（NVivo 12 的启动界面见图 5-1），可以通过新建下属的空项目、示例项目和自动化洞察示例项目建立一份新的研究项目；也可以通过打开其他项目，开启编辑已储存的项目。

图 5-1　NVivo 12 启动界面图

开启项目后，NVivo 12 就进入工作界面（见图 5-2）。工作界面包含了功能区、导航视图、列表视图、明细视图四个部分。其中，功能区中的命令按逻辑分组并显示在不同的选项卡下。导航视图中，右键单击上侧添加文件夹，以便整理研究资料；单击下侧某个按钮可查看组中的所有文件夹。列表视图中，选择文件夹时，其内容将显示在列表视图中，而在此视图中，可以添加新项，打开现有项并编辑项属性。明细视图中，从列表视图打开一项时，其内容将以明细视图的形式显示。

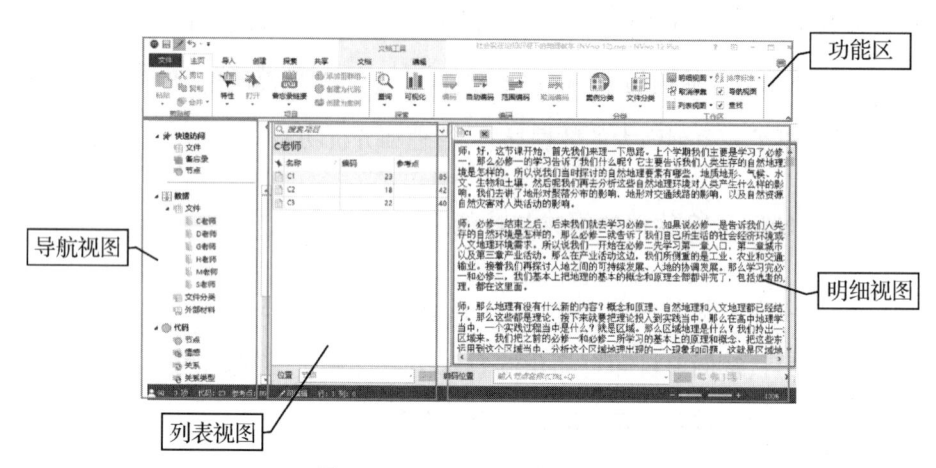

图 5-2 NVivo 12 工作界面图

具体来说,NVivo 12 的功能区主要包含了文件、主页、导入、创建、探索、共享功能(见图 5-3)。其中,文件下的功能键提供信息、创建、打开、保存、复制项目、打印、关闭、帮助、选项功能,主页下的功能键包含了剪贴板、项目、探索、编码、分类、工作区,导入下的功能键包含了项目、网络、数据、调查、分类、书目、注释&电子邮件、输出、代码簿,创建下的功能键包含了注释、代码、数据、分类、搜索、文件夹、脚本,探索下的功能键包含了查找、查询、图表、图、示意图、社交网络分析,共享下的功能键包含了输出、项目、打印、导出。

图 5-3 NVivo 12 功能区图

NVivo 12 软件具备以下特点[①]:用户界面简单、易学,采用了类似微软视窗的界面;可以在中文、英语、德语、法语、日语、西班牙语和葡萄牙语的用户

---

① 刘世闵,曾世丰,钟明伦. NVivo 11 与网络质性研究方法论[M]. 台北:五南图书出版股份有限公司,2017:5-14.

界面上，直接处理分析文本、图像、视频、电子邮件、在线调查、网络和社交媒体数据；支持使用 NCapture 程序来收集社交媒体和网页的数据；有着强大的数据组织和搜索工具，能够按照设置的标准自动分组信息；拥有自动编码和框架矩阵这样的数据分类工具，可以根据人口统计等属性建构查询、创建关系，以便进行比较和分析；能够通过文本查询和词频查询来找到新的主题和概念，通过交叉列表编码内容，通过矩阵编码查询不同分组的观点、经验和行为；能够用独特的可视化去发现关键主题、概念或新的研究路径，直观地探索项目之间的联系、相似性与差异性；可以直接将 SurveyMonkey 和 Qualtrics 调查工具导入其中，并能将 Microsoft Excel 软件和 IBM SPSS Statistics 软件一起使用来进行混合方法的研究。

（二）运用 NVivo 12 软件分析视频的流程

运用 NVivo 12 软件，对课堂教学视频的分析包括以下步骤：转录文本、在三级编码的过程中合理设置节点、统计分析数据以及制作图表等。大致的分析流程见图 5-4。

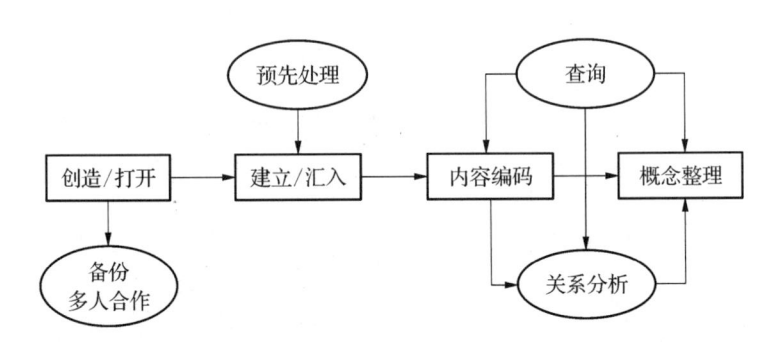

图 5-4 NVivo 软件的视频分析流程图

虽然 NVivo 12 软件支持对视频内容直接进行编码，而且这种一边播放一边编码的强大功能高效且快捷，却易出现编码错漏等现象。因此，更常用的方式是先把课堂教学视频内容转录成文本，再对文本进行编码，以期尽量将人为的误差降到最低。

节点(nodes)是关于某一特殊主题、地点、个人或其他领域集合的参照。研究者初步提取的初具概念的文本就是一个节点，可以将其放置于自由节点之后，以供进一步组成范畴。当有组织及更高层级的主题出现，便可以开始将属于相同概念的文档归类起来，形成类属加以命名，对具有相同概念的类属赋予更抽象的名称，经由子节点关系重复进行，整合成结构性的树状节点。[①] 编码是研究者在进行资料分析时，采取一套有组织的符号系统，并用此系统进行资料分析，将资料转变成概念的持续过程。[②] NVivo 12 软件的编码是以施特劳斯和科尔宾所提出的扎根理论三重编码法为基础的。[③] 编码是一个极具关键性的环节，因为它在搜集数据和生成解释数据的理论间起到了桥梁作用。在编码的过程中，对数据的思考是贯穿始终的，不仅要明确使用这些数据的意义，还要洞悉数据背后的信息。如此，才能够在对数据进行合理解释的基础上，更进一步地搜集新的数据。编码包括了初始的、简单的定义和标签，它来自研究者的理解。但是这个过程是互动的，通过审视研究对象的陈述和行为，研究者和研究对象进行了一次又一次的互动。研究者从自己的视角对研究对象的观点或行为所进行的理解，正是在研究者进行编码并不断完善编码的过程中体现出来的。这些视角通常所假设的远远不只是看上去那么明显。研究者必须挖掘数据，来解释研究对象默认的意义。

扎根理论三重编码法包括一级开放编码、二级主轴编码、三级核心编码，因此需要研究者对原始资料进行三次编码。三次编码过程的侧重点各有不同。其中，开放编码是在对数据进行逐字、逐行、逐句、逐段分解、分析的基础

---

① 刘世闵，李志伟. 质化研究必备工具：NVivo 10 之图解与应用[M]. 北京：经济日报出版社，2017：86.
② 刘世闵，李志伟. 质化研究必备工具：NVivo 10 之图解与应用[M]. 北京：经济日报出版社，2017：144.
③ Strauss A L, Corbin J M. Basics of Qualitative Research: Grounded Theory Procedures and Techniques [M]. Thousand Oaks: Sage, 1998.

上,通过重新命名、加以分类,为某种特定现象贴上标签并予以概念化的过程;而主轴编码是在开放编码所形成的结果之上,通过对概念化之后的节点再次研读、分析、归纳,形成新的概念和范畴,这些概念和范畴成为新的更高层次的节点,为它们重新命名所得出的就是若干个研究的主轴方向;核心编码又是在主轴编码的基础之上,围绕研究主题,更深入地分析数据间的逻辑与相互关系,从而形成的是更高层次,也是更为集中的核心编码,在核心编码的基础上就能够建构理论。

二、课堂教学视频研究

就课堂与教学而言,通向解放的道路是从课堂开发转向课程研究的概念重建的道路,也是把教育研究和教学艺术相结合的道路。[①] 从这个特殊的角度来看,国家统一课程往往会因为限制教和学的自主性而面临变成主观蓝图的危险。另外,课程的过程模式能起到"解放"的作用,因为它鼓励学生独立思考、独立论证,鼓励教师在自己的课堂上做实验、下判断。

(一) 课堂研究的核心——课程与教学

任何集中式改革的成功实施都要求学校的教师能适应。它既不是非此即彼,也不是"自上而下"或是"自下而上"两者之间直接进行选择,而是二者兼而有之。进行在一定程度上以学校为本的课程开发,并不表明"自上而下"的课程开发模式过时了,这关乎一个平衡性的问题,这种平衡是通过教师的专业化维持的。[②] 强调教学是一门专业,是基于教师拥有对课程和教学做出判断的能力和机会。大多数学校管理体制规定要教给学生什么,但

---

① Rudduck J, Hopkins D. Research as a Basis for Teaching: Readings from the Work of Lawrence Stenhouse [M]. London: Heinemann Educational, 1985: 21-37.

② Lawton D. Education, Culture and the National Curriculum [M]. London: Hodder and Stoughton, 1989: 85.

是又要求教师将课程体系付诸实践。在最基本的层面上,这需要教师把课程政策转化为工作计划或教案。重视以研究为基础的教学,将会更好地实践课程。

劳伦斯·斯腾豪斯(Lawrence Stenhouse)表述过与之基本相同的观点,他认为应该把课堂研究当作检验课程理念的一种方式。课堂研究是一切合理的课程研究和课程开发的基础,故而它们也就完全取决于教师的工作。[1] 斯腾豪斯把课堂研究和教学紧密结合起来。这就使得教师与课程变革和新的教学策略的采纳密不可分,正是这一点使教学成为一门专业。

(二) 课堂观察的原则与步骤

课堂观察不仅在课堂研究中起着关键的作用,而且在教师的专业发展和学校发展中通常也起着至关重要的支撑作用。在课堂观察中,需考虑以下原则:第一,教师和观察者之间要建立其相互信任、相互支持的关系;第二,课堂观察要以提高教学质量和获取实证策略为目的,不要带有对教师行为的批判色彩;第三,课堂观察过程中不能过多地依赖观察者的主观判断,而是应该以收集和运用客观的可测量数据为基础;第四,可以尝试从数据中获得关于教学的推论,鼓励运用数据建构今后可以检验的"假设";第五,观察者和教师都参与专业发展的互利过程,这一过程使双方在教学和观察技能方面都得到了提高。[2]

具体的课堂观察过程,可以划分为课堂观察前、课堂观察中和课堂观察后三个阶段。[3]

课堂观察前是一个为整个课程观察的开展做准备的阶段,因此需要做好

---

[1] Stenhouse L. An Introduction to Curriculum Research and Development [M]. London: Heinemann Educational, 1975: 142 – 143.

[2] Hopkins D. A Teacher's Guide to Classroom Research [M]. Maidenhead: McGraw-Hill Education, 2008: 65 – 68.

[3] 程云. 基于视频的课堂教学行为分析方法研究[D]. 武汉: 华中师范大学, 2015.

的是确定观察目标和制订观察计划。首先，要确定具体的课堂观察时间、地点、频次；其次，要确定具体的观察目标，从而能够更有效、更有针对性地记录课堂教学中所发生的行为或者事件；最后，要确定所使用的课堂观察工具和所选择的课堂记录方式。

课堂观察中是课堂观察正式实施的阶段，因此需要做好的是进入课堂，按照目标和计划进行记录和观察。在课堂观察的实施阶段，需要注意的是：首先，要避免或尽量减少课堂观察给课堂带来的干扰，可以采取进入观察室观察的方法，若观察者必须进入课堂，则最好提前与被观察者建立起良好而信任的关系，以消除好奇与戒备心理给课堂带来的非常态化与非真实性；其次，在观察中观察者要时刻持有客观的态度，按照提前设立的标准，来剔除主观色彩；最后，鉴于观察者个体的精力有限，可以通过系统化、标准化的培训，建立观察小组，在课堂观察中合理分工，从而提高效率、降低误差。

课堂观察后是课堂观察的收尾阶段，因此需要做好的是将收集到的课堂观察数据进行整理和分析，再通过与数据相匹配的可视化方式加以呈现，最后是对数据分析结果进行解释或者讨论。

（三）视频在课堂教学研究中的运用

课堂教学视频作为一种教育研究工具，因其能够捕捉到课堂教学的丰富性和复杂性以供后续的分析使用而变得越来越流行。[1] 课堂教学视频能够从多个角度进行编码和分析，既可用于定量分析，也可用于定性分析。将视频运用于课堂教学研究，具有以下优势：首先，保障课堂真实性的还原的同时，运用视频进行课堂教学研究能够有效减少对课堂的干扰，而随着技术的进步，远程录制技术更是将这种干扰降至最低；其次，数字化后的课堂教学视

---

[1] Borko H. Methodological Contributions to Video-based Studies of Classroom Teaching and Learning: A Commentary [J]. ZDM Mathematics Education, 2016, 48(1-2): 213-218.

频,既能够随时随地在计算机上查看,又便于存储,且在回溯功能支持下可避免信息的遗失;再次,通过视频分析软件的处理,可以进行高效的分析与多元的可视化呈现,从而使得课堂教学观察的效率和质量得以提升;最后,课堂教学视频为教师提供了一种反思自身教学的路径,且这一路径是相对客观且翔实的,教师可以通过视频对课堂教学进行观察,在探究创新的过程中提升专业素养。[1]

第二节 社会实在论知识观下的地理教学模式

一、研究数据

(一) 数据样本的选取

理论抽样是一种建立在概念或主题基础上的数据收集方法,这些概念或主题也来自数据。[2] 理论抽样不是对有关概念的假设进行验证或检测,而是揭示相关概念和它们的属性和维度。理论抽样是概念驱动的,它能够让研究者发现与研究问题和研究群体相关的概念,并提供了使研究者深入研究概念的可能性;理论抽样也是累积性的,选取的每一个事件都是建立在前面数据收集和分析的基础之上,反过来又有助于后续的数据收集和分析,而且随着时间的推移,研究者所聚焦的问题就变得更为具体,选取的样本变得更加

---

[1] 程云. 基于视频的课堂教学行为分析方法研究[D]. 武汉:华中师范大学,2015.

[2] Strauss A L, Corbin J M. Basics of Qualitative Research: Grounded Theory Procedures and Techniques [M]. Thousand Oaks: Sage, 1998:153.

具体。① 数据收集引导分析，分析引出概念，由概念提出问题，而针对问题则需要进一步收集数据。这一循环过程一直延续到研究达到饱和为止，即所有的概念都被很好地界定和解释。

本研究正是采用了这样的理论抽样方法，在进行理论抽样时，是以主要的研究问题为导向的。本研究基于强有力的地理知识和未来 3 地理课程的理论论述，探究社会实在论知识观下的地理教学。那么，研究问题就可以聚焦为：具备社会实在论知识观的地理教师，他们的教学有哪些构成要素？以及他们的教学是否有模式可寻？在教学实践中，具备社会实在论知识观的地理教师教授以强有力的地理知识为主要内容的未来 3 地理课程。其中，强有力的地理知识包括：提供新思维方式的地理知识、提供新理解方式的地理知识、提供新行为方式的地理知识、提供新参与方式的地理知识这四类知识。而未来 3 地理课程，则是以地理学科"再情景化"所形成的地理科目为基本形式，以同时具备客观性和历史性的强有力的地理知识为主要内容，强调学科边界的持续作用。本研究选取了 H 市的 4 所高中，从 16 位高中地理教师中选取了符合上述标准的 6 位教师，即 C 老师、D 老师、G 老师、H 老师、M 老师、S 老师。

（二）数据收集与处理

1. 数据收集

作为应用 NVivo 12 软件进行分析的原始材料，地理课堂教学视频的质量是保证得到高质量分析结果的前提。因此需要在视频录制前和视频录制中规范操作，以保证收集到的课堂教学视频数据符合要求。

在进行地理课堂教学视频录制前，首先要明确课程的教学目标，因为只

---

① Strauss A L, Corbin J M. Basics of Qualitative Research: Grounded Theory Procedures and Techniques [M]. Thousand Oaks: Sage, 1998: 156.

有在明确课程教学目标的基础上,才能判断课堂教学的达成度,从而才能对课堂教学过程合理与否进行合理的评价;其次,还要对包括教学思路和教学过程在内的教师的教学设计有所了解,并要熟悉课堂教学中使用的教材,这样能够有助于促进视频拍摄的连贯性并突出课堂教学重点;再次,由于提前安排了具体的教学视频录制日期和时间,教师和学生可能会提前准备而导致非真实课堂状态的呈现,所以需要提前与教师和学生沟通,保证录制的视频能够真实地反映课堂教学常态。① 故而,本研究采取了远程录制的方式,以减少带给教师和学生的影响。同时,本研究对同一位教师同一课时的课堂教学至少录制2节,对同一位教师不同课时的课堂教学至少连续录制6节,以保证所收集到的课堂教学视频数据的真实性。

在进行地理课堂教学视频录制时,做到突出主体、画面稳定、聚焦清晰。为了保证课堂教学视频录制的完整性,本研究用三个机位对课堂教学过程进行录制。其中,教师机位采用近景,录制包括语言、行动、板书等教师的一切行为;全景学生机位录制全体学生的学习全貌;焦点学生机位用于捕捉重要的细节,例如个别学生回答问题、与同伴交流、做作业等。

2. 数据处理

虽然NVivo 12支持对视频直接编码,但本研究采用对课堂教学视频内容先转录成文本,再对文本进行编码的方式,尽量将人为的误差降至最低。数据处理的第一步,是将经过筛选的6位教师的18节地理课堂教学视频文件导入NVivo 12软件的项目中,再将视频中的内容以逐字稿的方式转录出来形成分析文本。NVivo 12软件提供了三种为视频建立逐字稿的方式:通过转录模式建立逐字稿、通过一般模式建立逐字稿、导入已完成的逐字稿。这三种方式各有优势:以转录模式建立逐字稿,NVivo 12软件会自动将"开始"和"停止"这一段时间显示在时间跨度中,因此只需要在内容栏里填写相应的

---

① 赵伟丽. 课堂教学录像研究——一种新的课堂观察策略[D]. 曲阜:曲阜师范大学,2009.

内容即可,不用担心时间的准确性问题;以一般模式建立逐字稿则灵活多变,可以按偏好选择方式;导入已完成的逐字稿的优势在于它可以多样化地展示逐字稿,可以增加需要的内容,还可以表征时间跨度和内容,或将逐字稿以 Excel 表格、Word 文档等多种 NVivo 12 可以识别的格式呈现。由于本研究的关注点主要集中在教师的课堂教学内容上,故而选择了导入已完成的逐字稿文本的方式。

数据处理的第二步,是将转录好的地理课堂教学视频逐字稿文本进行编码。首先进行的是一级开放编码,即对视频所对应的逐字稿文本进行逐字、逐行、逐句、逐段的"肢解"分析,去发现文本中蕴含的与研究主题相关的"概念",然后给概念命名,再设立一个"节点",将文本中对应的词语、语句、段落放置到节点上,就形成了与此概念相对应的"编码参考点"。每一个节点下可以汇聚若干个编码参考点,每一个编码参考点也可以被编码到不同的节点。在开放编码阶段,将地理课堂教学视频对应的逐字稿文本的每一页、每一段、每一句以逐行分析的方式进行解析编码,虽耗费了大量时间,却是相当有效的。此阶段的抽象层次最低,编码工作主要是通过广泛搜寻挖掘出大量原始文本中蕴含的最初的主题或概念。本研究在对 18 份地理课堂教学视频逐字稿文本全面深入研读的基础上,经过一级开放编码,形成 141 个有效初始节点和 704 个参考点。

接着进行的是二级主轴编码。主轴编码是在开放编码的结果上,将节点按照属性范畴,通过再次归类把相同的概念汇聚起来,即进一步将文本概念化和抽象形成若干维度或方向,文本蕴含的理论逐渐清晰,它是三重编码过程的过渡状态。主轴编码阶段,是更准确地把握每一个节点所包括的编码参考点的理论蕴涵,厘清它们的关系,并将节点与更广的范畴相联结。本研究经过二级主轴编码,形成 16 个有效二级节点。

最后进行的是三级核心编码。核心编码阶段,围绕研究主题,将主轴编码所形成的二级节点根据相互间关系,抽象出更加集中、更高层次的核心范畴,并进一步在此基础上建构理论。本研究经过三级核心编码,形成 8 个核心编码。

二、研究结果

(一) 获取编码——课堂教学的分析

在完成一级开放编码之后,得到了 141 个有效初始节点和 704 个参考点。再经过对这 141 个初始节点的二级主轴编码,形成了地理事实、简单地理概念、复杂地理概念、地理规律及原理[①]、关注与不同学科简单知识建立联系、关注与不同学科复杂知识建立联系、关注与相同学科简单知识建立联系、关注与相同学科复杂知识建立联系、教师使用基于常识的话语举例、教师使用基于学术知识的话语举例、教师的解释含混不清甚至包括了不正确的表述、教师大致地提及文本中缺失的内容、教师指出学生回答的错误之处、教师清晰地提及文本中缺失的内容、教师以其自身与学生个人为基础来建立控制、教师不以任何理由为基础来建立命令式控制这 16 个有效二级节点。

16 个零散的二级节点,恰好可以借用巴兹尔·伯恩斯坦(Basil Bernstein)所创建的教学符码理论中的分类(classification)和架构(framing)概念[②]进行理论抽象,从而形成了 8 个有效的三级核心编码。其中,分类用以衡量学校知识的地位及概念水平,即教学中的"什么";架构用以分析教学过程中的形式,即教学中的"如何"。[③] 再按照强弱程度,将分类(用 C 表示)

[①] 陈澄. 地理表象、概念、原理及其层级关系[J]. 地理教学,2000(4):8-11.
[②] Bernstein B. Pedagogy, Symbolic Control, and Identity: Theory, Research, Critique [M]. Lanham: Rowman & Littlefield Publisher, Inc, 2000:5-22.
[③] Bernstein B. Pedagogy, Symbolic Control, and Identity: Theory, Research, Critique [M]. Lanham: Rowman & Littlefield Publisher, Inc, 2000:7-14.

由弱到强分为了 C^{--}、C^{-}、C^{+}、C^{++}，将架构（用 F 表示）由弱到强分为了 F^{--}、F^{-}、F^{+}、F^{++}（具体见表 5-1）。

表 5-1 三级核心编码明细表

分类	地理知识复杂度	C^{--}	C^{-}	C^{+}	C^{++}
		地理事实	简单地理概念	复杂地理概念	地理规律及原理
	学科间知识关系	C^{--}	C^{-}	C^{+}	C^{++}
		关注与不同学科简单知识建立联系	关注与不同学科复杂知识建立联系	关注与相同学科简单知识建立联系	关注与相同学科复杂知识建立联系
	学术知识与常识	\multicolumn{2}{}{C^{-}}	\multicolumn{2}{}{C^{+}}
		教师使用基于常识的话语举例		教师使用基于学术知识的话语举例	
架构	教师的课堂评价标准	F^{--}	F^{-}	F^{+}	F^{++}
		教师的解释含混不清甚至包括了不正确的表述	教师大致地提及文本中缺失的内容	教师指出学生回答的错误之处	教师清晰地提及文本中缺失的内容
	师生关系	\multicolumn{2}{}{F^{-}}	\multicolumn{2}{}{F^{+}}
		教师以其自身与学生的个人属性为基础来建立控制		教师不以任何理由为基础来建立命令式控制	

上述基于扎根理论的三级编码，即开放编码、主轴编码和核心编码，对 6 位高中地理教师的 18 节地理课堂教学视频进行了深入挖掘，得到了地理课堂教学视频的编码结果（见表 5-2）。

表 5-2 地理课堂教学视频编码结果表

编码分层名称	材料来源数	编码参考点数	编码单词数	编码段落数
节点\\C^{--}	0	0		
节点\\C^{--}\地理事实	0	0		
节点\\C^{--}\地理事实\冰川平原	1	1	77	1
节点\\C^{--}\地理事实\鄂毕河	1	1	51	1
节点\\C^{--}\地理事实\复种指数	1	1	139	12
节点\\C^{--}\地理事实\美国地理位置	1	1	440	23

续　表

编码分层名称	材料来源数	编码参考点数	编码单词数	编码段落数
节点\\C⁻⁻\地理事实\美国地形	3	5	722	32
节点\\C⁻⁻\地理事实\美国工业	1	1	125	1
节点\\C⁻⁻\地理事实\美国河湖	2	4	275	7
节点\\C⁻⁻\地理事实\美国领土组成	2	2	284	10
节点\\C⁻⁻\地理事实\亚洲地形	3	16	2 399	72
节点\\C⁻⁻\地理事实\亚洲国家	1	10	213	10
节点\\C⁻⁻\地理事实\亚洲河湖	3	13	2 067	96
节点\\C⁻⁻\地理事实\中国四大经济区	1	1	35	1
节点\\C⁻⁻\关注与不同学科简单知识建立联系	0	0		
节点\\C⁻⁻\关注与不同学科简单知识建立联系\美国东北部殖民历史	1	1	40	1
节点\\C⁻⁻\关注与不同学科简单知识建立联系\语文	1	2	654	3
节点\\C⁻	0	0		
节点\\C⁻\关注与不同学科复杂知识建立联系	0	0		
节点\\C⁻\关注与不同学科复杂知识建立联系\罗斯福新政	1	1	127	1
节点\\C⁻\关注与不同学科复杂知识建立联系\乙醇	2	3	213	3
节点\\C⁻\简单地理概念	0	0		
节点\\C⁻\简单地理概念\白夜现象	1	1	207	1
节点\\C⁻\简单地理概念\北美五大湖成因	1	1	81	3
节点\\C⁻\简单地理概念\产业转移	2	4	232	4
节点\\C⁻\简单地理概念\地貌	1	1	202	4
节点\\C⁻\简单地理概念\地势	1	1	107	1

续 表

编码分层名称	材料来源数	编码参考点数	编码单词数	编码段落数
节点\\C⁻\简单地理概念\地形	1	5	293	8
节点\\C⁻\简单地理概念\海岸线	1	1	48	1
节点\\C⁻\简单地理概念\河流补给类型	1	1	147	8
节点\\C⁻\简单地理概念\河流的水文特征	0	0		
节点\\C⁻\简单地理概念\河流水文特征	2	2	159	6
节点\\C⁻\简单地理概念\河流水系特征	1	1	539	14
节点\\C⁻\简单地理概念\农业地域类型	1	9	345	10
节点\\C⁻\简单地理概念\欧洲地形	1	8	703	19
节点\\C⁻\简单地理概念\清洁能源	2	3	321	3
节点\\C⁻\简单地理概念\人文地理环境	1	6	46	6
节点\\C⁻\简单地理概念\水系	1	1	43	1
节点\\C⁻\简单地理概念\亚洲植被	1	1	188	13
节点\\C⁻\简单地理概念\植被景观	2	2	251	6
节点\\C⁻\简单地理概念\中国的干湿地区	1	8	811	32
节点\\C⁻\简单地理概念\中国的温度带	1	8	381	18
节点\\C⁻\简单地理概念\中国地势三级阶梯	2	2	462	27
节点\\C⁻\简单地理概念\中国三大自然区	3	9	479	18
节点\\C⁻\简单地理概念\自然地理环境	3	12	156	12

续 表

编码分层名称	材料来源数	编码参考点数	编码单词数	编码段落数
节点\\C⁻\教师使用基于常识的话语举例	0	0		
节点\\C⁻\教师使用基于常识的话语举例\歌曲《贝加尔湖》	1	1	79	1
节点\\C⁺	0	0		
节点\\C⁺\复杂地理概念	0	0		
节点\\C⁺\复杂地理概念\巴尔喀什湖西淡东咸	2	2	1 010	21
节点\\C⁺\复杂地理概念\贝加尔湖成因	1	1	64	1
节点\\C⁺\复杂地理概念\畜牧业	1	6	967	31
节点\\C⁺\复杂地理概念\岛屿	1	1	83	1
节点\\C⁺\复杂地理概念\地理位置	3	10	2 115	47
节点\\C⁺\复杂地理概念\鄂毕河航运条件	1	1	379	11
节点\\C⁺\复杂地理概念\黄河入海口土壤盐碱化的原因	1	1	127	1
节点\\C⁺\复杂地理概念\混合农业	1	10	686	37
节点\\C⁺\复杂地理概念\界线	6	12	1 253	43
节点\\C⁺\复杂地理概念\科罗拉多大峡谷成因	2	2	750	19
节点\\C⁺\复杂地理概念\可持续发展	5	8	379	10
节点\\C⁺\复杂地理概念\滥用农药的危害	1	1	253	5
节点\\C⁺\复杂地理概念\鲁尔区振兴的措施	1	1	81	8

续　表

编码分层名称	材料来源数	编码参考点数	编码单词数	编码段落数
节点\\C⁺\复杂地理概念\美国农业	3	28	3 095	74
节点\\C⁺\复杂地理概念\美国气候	3	5	1 480	41
节点\\C⁺\复杂地理概念\美国五大湖成因	2	2	408	8
节点\\C⁺\复杂地理概念\美国五大湖东岸的大湖效应	2	2	1 381	24
节点\\C⁺\复杂地理概念\判断沉积岩的依据	1	1	68	4
节点\\C⁺\复杂地理概念\匹兹堡经济的衰落及振兴	1	2	437	5
节点\\C⁺\复杂地理概念\钱塘江的水文特征	1	2	233	13
节点\\C⁺\复杂地理概念\秦岭—淮河一线	3	11	536	15
节点\\C⁺\复杂地理概念\区域	3	14	737	14
节点\\C⁺\复杂地理概念\日本西海岸的大湖效应	1	1	100	1
节点\\C⁺\复杂地理概念\三峡大坝	2	3	795	11
节点\\C⁺\复杂地理概念\太阳高度角计算	1	1	20	1
节点\\C⁺\复杂地理概念\西欧地理位置	1	3	425	13
节点\\C⁺\复杂地理概念\性别结构失调	2	2	582	8
节点\\C⁺\复杂地理概念\雄安新区水资源	2	2	673	5
节点\\C⁺\复杂地理概念\亚平宁半岛地理位置	1	1	312	7

续　表

编码分层名称	材料来源数	编码参考点数	编码单词数	编码段落数
节点\\C⁺\复杂地理概念\亚洲人口	1	3	253	3
节点\\C⁺\复杂地理概念\遥感在农业中的应用	2	2	430	3
节点\\C⁺\复杂地理概念\治理土壤盐碱化	1	2	260	2
节点\\C⁺\复杂地理概念\中国1月和7月均温的影响因素	1	2	180	4
节点\\C⁺\复杂地理概念\中国东部季风区	2	16	2 233	73
节点\\C⁺\复杂地理概念\中国青藏高寒区	2	3	882	41
节点\\C⁺\复杂地理概念\中国西北内陆干旱半干旱区	3	14	2 143	88
节点\\C⁺\复杂地理概念\种植业	1	12	1 000	30
节点\\C⁺\关注与相同学科简单知识建立联系	0	0		
节点\\C⁺\关注与相同学科简单知识建立联系\必修二	3	5	139	5
节点\\C⁺\关注与相同学科简单知识建立联系\初中地理	1	1	47	1
节点\\C⁺\关注与相同学科简单知识建立联系\上节课	1	1	276	4
节点\\C⁺\教师使用基于学术知识的话语举例	0	0		
节点\\C⁺\教师使用基于学术知识的话语举例\贝加尔湖与苏必利尔湖争夺最大淡水湖	1	1	186	1
节点\\C⁺\教师使用基于学术知识的话语举例\洞朗对峙	1	2	143	2
节点\\C⁺\教师使用基于学术知识的话语举例\歌曲《亚洲雄风》	1	1	254	1

续　表

编码分层名称	材料来源数	编码参考点数	编码单词数	编码段落数
节点\\C$^+$\教师使用基于学术知识的话语举例\文化理解和包容	1	2	314	2
节点\\C^{++}	0	0		
节点\\C^{++}\地理规律及原理	0	0		
节点\\C^{++}\地理规律及原理\板块	2	2	712	21
节点\\C^{++}\地理规律及原理\冰岛地理位置的特殊性及其地形特征	1	5	539	15
节点\\C^{++}\地理规律及原理\波斯湾沿岸石油运输重点选择海运而非管道运输的原因	1	1	681	2
节点\\C^{++}\地理规律及原理\发展耕作业的自然条件	1	1	275	13
节点\\C^{++}\地理规律及原理\高级住宅区选址	1	1	443	2
节点\\C^{++}\地理规律及原理\河流水能资源丰富的原因	1	1	167	9
节点\\C^{++}\地理规律及原理\火山喷发对农业生产的影响	1	1	308	2
节点\\C^{++}\地理规律及原理\鲁尔区发展的区位优势	1	1	169	9
节点\\C^{++}\地理规律及原理\鲁尔区衰落的原因	1	1	125	11
节点\\C^{++}\地理规律及原理\落基山脉高峻而阿巴拉契亚山脉低缓的原因	1	1	433	13
节点\\C^{++}\地理规律及原理\美国地形对气候的影响	4	5	1 643	46
节点\\C^{++}\地理规律及原理\美国农业地域类型	3	16	2 064	66
节点\\C^{++}\地理规律及原理\美国农业区位优势	4	11	1 708	54

续 表

编码分层名称	材料来源数	编码参考点数	编码单词数	编码段落数
节点\\C++\地理规律及原理\美国区域发展阶段	2	5	1 278	18
节点\\C++\地理规律及原理\美国田纳西河流域的治理和开发	1	3	304	6
节点\\C++\地理规律及原理\美国五大湖沿岸发展乳畜业的区位优势	1	1	556	19
节点\\C++\地理规律及原理\美国中部平原发展商品谷物农业的区位优势	2	3	738	29
节点\\C++\地理规律及原理\某地动植物资源丰富的原因	1	1	169	1
节点\\C++\地理规律及原理\农业区位	4	4	740	26
节点\\C++\地理规律及原理\青藏高原太阳辐射强的原因	1	1	234	3
节点\\C++\地理规律及原理\区域产业结构	3	14	951	14
节点\\C++\地理规律及原理\区域发展阶段	3	18	1 967	45
节点\\C++\地理规律及原理\区域空间结构	2	12	478	12
节点\\C++\地理规律及原理\三圈环流	1	1	236	2
节点\\C++\地理规律及原理\水土流失治理措施	1	1	102	1
节点\\C++\地理规律及原理\夏威夷高压成因	1	1	702	7
节点\\C++\地理规律及原理\新加坡发展石油加工贸易的有利条件	1	1	405	4
节点\\C++\地理规律及原理\新西兰南岛发展耕作业的限制条件	1	1	659	11

第五章 社会实在论知识观下的地理教学

续　表

编码分层名称	材料来源数	编码参考点数	编码单词数	编码段落数
节点\\C^{++}\地理规律及原理\亚洲气候	2	14	1 937	75
节点\\C^{++}\地理规律及原理\印度半岛热带沙漠气候成因	1	1	1 199	8
节点\\C^{++}\地理规律及原理\中国的降水	1	13	1 261	50
节点\\C^{++}\地理规律及原理\中国东部的雨带推移	1	1	664	20
节点\\C^{++}\地理规律及原理\自然带的地方性分异	2	2	254	4
节点\\C^{++}\地理规律及原理\最高月气温偏高的原因	1	1	218	1
节点\\C^{++}\关注与相同学科复杂知识建立联系	0	0		
节点\\C^{++}\关注与相同学科复杂知识建立联系\必修一	3	5	746	26
节点\\F^{--}	0	0		
节点\\F^{--}\教师的解释含混不清甚至包括了不正确的表述	1	1	356	17
节点\\F^{-}	0	0		
节点\\F^{-}\教师大致地提及文本中缺失的内容	3	3	1 142	46
节点\\F^{-}\教师以其自身与学生的个人属性为基础来建立控制	0	0		
节点\\F^{-}\教师以其自身与学生的个人属性为基础来建立控制\好不好	2	3	73	3
节点\\F^{-}\教师以其自身与学生的个人属性为基础来建立控制\会的同学发声	1	1	47	1
节点\\F^{-}\教师以其自身与学生的个人属性为基础来建立控制\获取资料并思考	1	1	28	1

续 表

编码分层名称	材料来源数	编码参考点数	编码单词数	编码段落数
节点\\F⁻\教师以其自身与学生的个人属性为基础来建立控制\请坐	13	32	134	34
节点\\F⁻\教师以其自身与学生的个人属性为基础来建立控制\日积月累	2	2	117	2
节点\\F⁻\教师以其自身与学生的个人属性为基础来建立控制\听懂没有？	3	43	253	43
节点\\F⁻\教师以其自身与学生的个人属性为基础来建立控制\学习方法	1	1	86	1
节点\\F⁻\教师以其自身与学生的个人属性为基础来建立控制\阅读资料并思考	5	6	271	6
节点\\F⁺	0	0		
节点\\F⁺\教师不以任何理由为基础来建立命令式控制	0	0		
节点\\F⁺\教师不以任何理由为基础来建立命令式控制\按分答题	1	2	70	2
节点\\F⁺\教师不以任何理由为基础来建立命令式控制\不讲了	3	6	127	6
节点\\F⁺\教师不以任何理由为基础来建立命令式控制\不要讲话	1	1	13	1
节点\\F⁺\教师不以任何理由为基础来建立命令式控制\划一下	3	7	138	7
节点\\F⁺\教师不以任何理由为基础来建立命令式控制\考试	10	33	1 087	33
节点\\F⁺\教师不以任何理由为基础来建立命令式控制\模板框架	5	5	141	5
节点\\F⁺\教师不以任何理由为基础来建立命令式控制\书本原话	3	5	343	5
节点\\F⁺\教师不以任何理由为基础来建立命令式控制\一直强调	2	2	187	2

续 表

编码分层名称	材料来源数	编码参考点数	编码单词数	编码段落数
节点\\F$^+$\教师不以任何理由为基础来建立命令式控制\坐下	2	2	8	2
节点\\F$^+$\教师指出学生回答的错误之处	9	12	2 325	70
节点\\F^{++}	0	0		
节点\\F^{++}\教师清晰地提及文本中缺失的内容	14	31	12 927	381

接下来,以 C 老师和 M 老师的一节地理课堂教学视频内容为例,通过对三级编码内容的具体呈现,还原地理课堂教学视频编码结果的获得过程,从而更加直观地再现扎根理论在研究中的运用。

1. C 老师的课堂教学视频编码

文件\\C 老师\\C3

节点\\C^{--}\地理事实\亚洲地形

参考编码点数:4;覆盖率:0.095 9

参考点编号:1

师:接下来,我们就来看一下。首先,我们来看整个亚洲,它主要以什么地形为主?

生:山地和高原。

师:非常好,请坐。它(的)地形以山地和高原为主。山地、高原占了亚洲面积(总的)的多少?

生:四分之三。

师:平原比较少。所以亚洲平均海拔很高,因为它(的地形)以山地、高原为主。但是,(平均海拔)次于谁?

生:南极洲。

师:为什么?

生:因为南极洲的冰盖太厚了。

师:抛开南极洲,亚洲就是剩下的(平均)海拔最高的大洲。这是它的第一个特点,(地形)以山地、高原为主。

参考点编号:2

师:第二个特点,亚洲地势起伏,你感觉从世界地图上来看,跟其他大洲比起来属于大还是小?

生:大,地势起伏大。

师:(亚洲)是不是只有青藏高原?(亚洲)还有比较低平的西西伯利亚(平原),青藏高原上面是有山峰的。珠穆朗玛峰高多少(米)?

生:大约8 848米。

师:很高。但同时亚洲又有世界上最低的洼地,叫什么呢?

生:死海。

师:死海有多低?

生:—420多米。

师:那是什么概念?这是死海,这是一个洼地,这样看我们可能感觉不到,但往外面延伸,是不是可能会延伸到海?我延伸、延伸,我现在所处的位置是海平面以下400多米。所以说亚洲(地势)高低起伏很大。

参考点编号:3

师:除了分析它地势起伏大还是小,是不是还要说明它向哪边倾斜?哪边高?哪边低?亚洲哪边高?

生:中部高。

师:你看中部的帕米尔高原,延伸出了很多的高原和山地。中部高,哪边低?

生:四周(低)。

师:所以平原很多在四周,这是它的第三个特点。

参考点编号:4

师:我们再关注第三个角度。这个地方有没有特殊地貌?有没有呢?也应该有的。亚洲内部有没有风力侵蚀和沉积地貌?

生:有。

师:滨海区域是不是有海浪?大江大河所在地区是不是有流水地貌?但是都不是特别典型和重要,所以我们这里不太讲。

师:然后我们再关注最后一点,就是海岸线。对于整个亚洲而言,海岸线怎样?曲折而且很长。这是书本上没有(提及)的,对亚洲而言,它的海岸线漫长曲折,多半岛、岛屿、海峡和海湾,这是它的最后一个地形特征。

节点\\C⁻⁻\地理事实\亚洲河湖

参考编码点数:6;覆盖率:0.220 7

参考点编号:1

师:有些同学看起来漫不经心,应该雷厉风行,马上对着图册画一画、找一找它到底在哪里。多数同学都先来找找,能先画出哪两条?

生:(表示)长江和黄河(的线)。

师:来,因为时间关系,我们一起来找一找。多数大江大河是不是都注入海洋当中?其中有几条注入北冰洋水系。我们来看一下,首先,这是亚洲,这是欧洲,这是亚欧的分界线,这是什么山?

生:乌拉尔山。

师:然后出来,有条什么河?

生:乌拉尔河。

师:注入哪个湖?

生:里海。

师:里海出来是什么山?

生:大高加索山脉。

师:接着是什么海?

生:黑海。

师:(这里)有一个什么海峡?

生:土耳其海峡。

师:所以我们看,这是什么地形单元?绿绿的,地势比较平坦,这是什么?

生:西西伯利亚平原。

师:这是什么?在西西伯利亚平原上有一条大河叫什么?

生:鄂毕河。

参考点编号:2

师:这是鄂毕河,然后鄂毕河再往东,这是西西伯利亚平原和中西伯利亚山地的一个分界线,叫什么河?

生:叶尼塞河。

师:再往东,叫作勒拿河。这三条(河流)是往北注入北冰洋水系的,大家要掌握。

师:接下来,我们关注注入太平洋水系的江河。首先是大家最熟悉的,这是什么?

生:长江和黄河。

师:我国除了长江、黄河(规模)比较大,还有一些规模稍微小一点的,往东有哪些?

生:黑龙江和珠江。

师:还有一条是在中南半岛上,叫湄公河。湄公河是跨国的一条河流,它在我国不叫湄公河,叫什么?

生:澜沧江。

师:"跨国"就涉及什么?流域的综合开发与治理。我们之后再学习。

师:往南,印度河和恒河以及幼发拉底河、底格里斯河,这些河流大家都需要了解。

参考点编号:3

师:首先,我们看到,主要的大江大河发源自哪里?(发源自)亚洲的什么位置？

生:中部。

师:因为中部是什么(地形)？

生:山地、高原。

师:因为亚洲中部是山地、高原,中间高、四周低,这导致河流发源自哪里？

生:中间山地。

师:流向哪里？

生:四周。

师:由高向低,流向四周,这种形态叫什么状？

生:放射状。

参考点编号:4

师:接着看,有些注入海域当中,有些不注入海域当中,注入海域当中的河我们叫它们什么河？

生:外流河。

师:有些不注入海域当中的,我们叫它们什么河？

生:内流河。

师:亚洲有没有内流河？有,而且不少。为什么亚洲存在着很大的一块内流区域？因为亚洲太大了。这块区域就深居内陆,它距海比较远。因为受地形的影响,它们可能注入内陆的湖泊,也可能慢慢流啊流就没了。

师:在这里,我们要掌握两条河,一条叫作锡尔河,另一条叫作阿姆河。锡尔河、阿姆河注入了什么湖呢？

生:咸海。

师:锡尔河和阿姆河注入咸海。我国是不是也有内流河？新疆的塔里木河和伊犁河,都是内流河。

参考点编号:5

师:首先,看这形状,这是什么湖？

生:里海。

师:里海叫海不是海,是湖。但是里海为什么叫海,其实是有渊源的。里海曾经跟地中海包括黑海,原本都属同一板块。所以里海的水的性质和其中的生物,其实跟地中海、黑海里的是很接近的。里海的形状有点微微S形,很妖娆。里海是世界上最大的湖。它是咸水湖还是淡水湖?

生:咸水湖。

师:这是里海,记住,它是最大的湖,最大的咸水湖。

参考点编号:6

师:这个,不要看图大,还要看比例尺,死海。死海旁边有三个国家与之接壤,即约旦、以色列、巴勒斯坦。它在哪里?位于哪个半岛?

生:阿拉伯半岛。

师:(它)靠近哪里?

生:地中海沿岸。

师:死海最大特点是什么?死海最大特点是又低又咸。为什么低?

生:因为蒸发使它低。

师:这个低跟什么关系大?你觉得主要是内力作用还是外力作用?

生:内力作用。

师:这里要反过来。死海其实是东非大裂谷往北方的延伸,所以它为什么这么咸,我们可以通过这个图表示。因为它的蒸发量大于降水量,而且地表径流流入比较少,所以越来越咸。它的盐度大约是正常海水的多少倍?

生:8.6倍。

师:我们已经知道了它为什么叫死海。人浮在上面应该会很开心,但如果水不小心进入眼睛或者嘴巴,对人体也会造成很大的影响。但是死海的矿物质多,所以这里发展了很多疗养产业。

节点\\C¯\简单地理概念\北美五大湖成因

参考编码点数:1;覆盖率:0.010 7

参考点编号:1

师:我们讲北美五大湖,它们主要形成于外力作用,知道是什么外力作用吗?

生:不知道。

师:北美五大湖形成的一个主要的外力作用是冰川作用。没有讲过?当时,是我讲的。

节点\\C¯\简单地理概念\河流补给类型

参考编码点数:1;覆盖率:0.020 5

参考点编号:1

师:那么这里就穿插了必修一的知识。我们讲河流的补给来源,一般来说有哪几种?

生:冰川融水补给。

师:还有呢?

生:降水补给、湖泊补给、地下水补给。

师:除了冰川融水补给,还有一种补给,不是(源自)冰川,而是(来自)普通的降雪。当春季来临的时候,雪消融的时候,会有什么补给啊?

生:季节性的积雪融雪补给。

师:好,我们来讲五种补给来源。

节点\\C¯\简单地理概念\河流水文特征

参考编码点数:1;覆盖率:0.014 3

参考点编号:1

师:我们再来,河流的水文特征包括哪些?这些都讲过了,是老知识了,不是新内容,哪些属于水文特征?

生:河流它本身(的)含沙量。

师:还有呢?

生:流速,流量,冰期、结冰期,汛期,水位。

师:还有一个是从汛期延伸出来的,叫什么?叫凌汛。

节点\\C⁻\简单地理概念\水系

参考编码点数:1;覆盖率:0.005 4

参考点编号:1

师:好,什么叫水系?水系侧重河流流域、河流的发源地,以及它的注入地,它的支流、它的流向以及它的长度,等等。

节点\\C⁻\教师使用基于常识的话语举例\歌曲《贝加尔湖》

参考编码点数:1;覆盖率:0.010 0

参考点编号:1

师:李健唱了一首叫作《贝加尔湖》的歌。李健当年来这里采风,露营时突然感觉月色非常好,湖特别美,后来就创作了《贝加尔湖》。

节点\\C⁺\复杂地理概念\巴尔喀什湖西淡东咸

参考编码点数:1;覆盖率:0.115 7

参考点编号:1

师:这个,书上没有,巴尔喀什湖。巴尔喀什湖也很有意思,怎么有意思?它是一半咸一半淡。我们来看地图搜索的结果,这是西面,这是东面,西面是咸还是淡?我提示一下,西面淡,东面咸。为什么?前后桌四个人交流一下。

师:因为时间关系,先自由交流到这里。我叫个同学来说说看。为什么巴尔喀什湖一半咸、一半淡?很多同学肯定都不知道为什么,你能否大胆猜测和假想一下?

生:我猜测这可能是因为气候。

师:展开说说。

生:(是)降水量的问题。

师:你猜测咸和淡,可能跟它的气候,就是跟它的蒸发和降水有关系。请坐。还有没有别的猜测?

生:会不会和地下水有关?

师:哦,可能和它的下渗、地下水补充有关系。这也是一种想法。还有吗?

生：它的西边是伊犁河。

师：西边有伊犁河注入。

生：伊犁河应该是淡的。

师：还有吗？

生：它好像从天山那里流过来的。

师：什么意思？你继续。

生：我觉得天山的积雪融化后，流下来就……

师：其实你这个想法是对之前同学回答的补充，就是有些河流，它们可能发源于天山或者阿尔泰山。天山是有点远的。伊犁河发源于阿尔泰山，是冰川融水补给，比较淡。大家觉得他们说的这几种想法中，哪种更为靠谱一些？

师：一般来说是基于什么原因呢？我们来看。首先，这条叫什么河？图上可能看不太清哦。

生：伊犁河。

师：这里是不是也有一些小的河？但这些小的河，规模跟伊犁河比起来，(是)伊犁河(更)长。所以对于巴尔喀什湖而言，它的西南部有伊犁河注入，它的补给主要来自伊犁河。而伊犁河的一个补给，主要来自冰川融水补给。那么这就会让这里不停地被冲淡，而它的东侧因为注入河流比较少，所以咸。这是其一。

师：其二，你发现巴尔喀什湖跟普通的湖比起来，它有一个很大的特点是什么？很狭长，中间比较窄，那中间窄的水道就会阻止东西两侧水体的交换，所以日积月累，这里(的水)不断地变淡，另一侧的水不断地趋于咸。因为总的环境处在一个蒸发(量)大于降水(量)的状况下，这就导致了巴尔喀什湖一半咸、一半淡。

节点\\C$^+$\复杂地理概念\贝加尔湖成因

参考编码点数：1；覆盖率：0.008 0

参考点编号：1

师：贝加尔湖那么深，你觉得它的成因是什么？对，是板块运动。

节点\\C⁺\复杂地理概念\鄂毕河航运条件

参考编码点数:1;**覆盖率**:0.049 8

参考点编号:1

师:鄂毕河是西西伯利亚平原上一条运输价值很高的河流,好,那问题就来了,这有点超(纲),大家体会一下(就行)。我们来分析它的中上游和中下游,哪里通航条件更好?你觉得哪里航运时间更长、(航运)更稳定、(流)量更大?

生:上游。

师:中上游还是中下游?一般来讲,河流的哪里通航条件好?

生:下游。

师:为什么这里是中上游通航条件好?下游可能会怎样?

生:(下游会)冻住。

师:因为纬度高,所以这里的结冰期就长。那结冰期长是不是通航时间就短?而且这里纬度高,人口、城市多还是少?

生:比较少。

师:你看它本身结冰期又长,加上这个地方人口、城市少,所以说它的通航条件就不如中上游好。而且我们讲河流的中上游通常通航条件不好,比如像长江、黄河的中上游,因为其中上游经过了什么?

生:山地、高原。地势起伏比较大。

师:地形崎岖。但这里大体都是平原,地势起伏比较小。这是穿插的(知识),自己去体会。

节点\\C⁺\关注与相同学科简单知识建立联系\上节课

参考编码点数:1;**覆盖率**:0.035 0

参考点编号:1

师:来,好,我们来回忆一下上节课(的内容)。上节课我们首先讲了亚洲的地理位置,然后呢,讲了亚洲的自然地理特征。首先我们从亚洲的地形开始讲起。亚洲主要的山地、高原、平原,滨海区域的半岛、岛屿、海峡和海湾,我们都过了一遍。

师:现在我们基于上节课的内容,来总结地形的特点。先来回顾一下上节课(的内容),我们讲地形,主要从四个角度来分析,哪四个角度?第一个要说地形的什么?

生:类型和分布。

师:第二个(角度),主要是要讲这个区域的地势起伏,包括它的起伏到底是大的还是小的,以及倾斜方向,即哪边高、哪边低。这是第二个角度。第三个角度,是整个区域当中可能会存在的特殊地形。最后一个角度,我们要分析这个地方海岸线到底是个什么情况,它是长的还是短的,曲的还是直的。

节点\\C$^+$\教师使用基于学术知识的话语举例\贝加尔湖与苏必利尔湖争夺最大淡水湖

参考编码点数:1;覆盖率:0.022 8

参考点编号:1

师:我们来比较一下贝加尔湖跟北美五大湖。北美五大湖其实有五个湖,其中有一个湖最大,叫作苏必利尔湖。贝加尔湖说自己是世界上最大的淡水湖。苏必利尔湖不服气,说自己是最大的。双方就一直争。其实这两个湖都很大。但是从面积角度看,谁大?苏必利尔湖。贝加尔湖大在哪里?它储水量大,它深。

节点\\C++\地理规律及原理\板块

参考编码点数:1;覆盖率:0.076 5

参考点编号:1

师:那么最后对于它漫长曲折的海岸线,我们做了一个补充。我们看到,整个亚洲的东侧和东南侧是不是有一个弧形的群岛?它是什么?

生:岛弧。

师:这些群岛上是不是有很多比较崎岖的山地?旁边是不是也有很多深深的海沟?这是怎么形成的呢?岛弧和边上深深的海沟是怎么形成的呢?

是板块怎样(形成的)?

生:(板块)挤压。

师:所以它们位于板块的什么边界?

生:消亡边界。

师:好,问题就来了,头抬起来注意看。好,我们说这里是板块挤压、碰撞造成的。咱们来看,先关注东南侧。马来群岛位于板块挤压、碰撞的消亡边界,什么板块和什么板块挤压、碰撞?

生:印度洋板块和亚欧板块。

师:我们再往东侧看。菲律宾群岛、日本群岛以及库页岛这里的岛弧、海沟,位于什么板块和什么板块?

生:太平洋板块与亚欧板块。

师:再关注第三个。我们看到的这个半岛叫什么半岛?

生:堪察加(半岛)。

师:它是不是也是岛弧的延伸啊?这个半岛上是不是也有山地、高原?所以山地、高原是不是也是板块挤压、碰撞抬升隆起的?好,问题就来了,堪察加半岛是什么板块与什么板块挤压、碰撞形成的?

生:美洲板块和……

师:和什么板块?美洲板块和太平洋板块。对不对?问题又来了,这是必修一的内容了。东西伯利亚山地所在的这边,属欧亚板块还是美洲板块?它属美洲板块。我看同学们差不多也都忘了。美洲板块延伸跨过白令海峡,到了东西伯利亚,这都属于美洲板块。所以这个半岛的抬升、隆起应该是什么板块和什么板块挤压、碰撞造成的?美洲板块和什么板块?

生:太平洋板块。

师:对,这是欧亚板块,然后到了这里是美洲板块,这是太平洋板块,然后是印度洋板块。这是必修一中大家容易忽视的(内容)。

节点\\C^{++}\地理规律及原理\河流水能资源丰富原因

参考编码点数:1;覆盖率:0.023 2

参考点编号:1

师:这是亚洲东部和东南部的大江大河,它们的水能资源为什么这么丰富?因为它们的上游都流经了什么地形?

生:山地、高原。

师:由于什么条件,它的水能资源才这么丰富?

生:地势落差大。

师:但是(地势)落差大,水能资源就丰富了吗?这里若是涓涓细流,水能资源还丰富吗?对,还要有流量,或者说水量。所以说水能资源丰富意味着要满足两点,第一点是什么?

生:落差大,流速快。

师:还有一个(点)呢?

生:水量大,流量大。

师:只有这样,水能资源才会丰富。

节点\\C^{++}\地理规律及原理\亚洲气候

参考编码点数:6;覆盖率:0.169 1

参考点编号:1

师:说到气候,我们先来捋一捋亚洲有哪些气候。在赤道附近、南北纬10°之间,马来群岛所在地,(是)热带雨林气候。气候特点,终年高温多雨。气候成因,常年受赤道低气压带控制。这里形成了什么自然带?

生:热带雨林带。

参考点编号:2

师:然后往北10°到北回归线之间,主要是南亚地区,印度半岛和东南亚的中南半岛,这里形成(了)什么气候?

生:热带季风气候。

师:热带季风气候的气候特点(是什么)?

生:终年高温,夏季多雨。

师:热带季风气候的成因(是什么)?

生:海陆热力性质差异。

师:不对。热带季风气候的成因,忘掉了?请坐。关于热带季风气候的成因,我们从开学,从一开始学习地理讲到之后,一直强调、一直强调,一直在之后的练习中不断强调。热带季风气候的成因是什么?有什么好笑的?这么简单的东西不知道,感觉很骄傲在那儿笑。热带季风气候的成因是什么?海陆热力性质差异,加气压带风带的季节性移动。最基本的问题不要让我一说再说,没有任何意义。

师:热带季风气候,夏天吹什么方向的风?

生:西南。

师:西南风的成因是什么?

生:就是气压带风带的季节性移动。

师:具体来说是什么?东南信风向北越过赤道,受地转偏向力的影响,逐渐向右偏转,成西南风。热带季风气候冬季吹什么风?会的同学要发出自己的声音,大家都乱或者常常随便说一下就过去了,那所有同学都会慢慢地掌握不了东西。我们讲热带季风气候,夏季主要吹西南风,冬季吹什么风?

生:东北风。

师:亚洲高压,东北风。东北风的成因是海陆热力性质差异。所以热带季风气候的成因有两点,记住,是海陆热力性质差异,加气压带风带的季节性移动。

参考点编号:3

师:再往北看,北回归线到北纬35°左右,是热带、亚热带季风气候。亚热带季风气候的气候特点(是)夏季高温多雨,冬季呢?

生:冬季温和少雨。

师:亚热带季风气候,夏季吹什么风?

生:东南风。

第五章　社会实在论知识观下的地理教学

师:冬季吹什么风?

生:西北风。

参考点编号:4

师:秦岭—淮河以北,或者说北纬35°至北纬55°大陆东岸,属温带季风气候。温带季风气候,夏季和冬季吹的风跟亚热带季风气候是一样的,成因一样,但是特征有所区别。它是夏季高温多雨,冬季寒冷干燥。

参考点编号:5

师:对于亚洲的西亚、南亚,特别是阿拉伯半岛和印度河平原,这里出现了什么?

生:热带沙漠。

师:因为它们受什么风的影响?

生:受副热带高气压带和信风带的影响。

师:因为东南信风越过来,西南季风已经很弱了,所以这里就形成了热带沙漠。那么受热带沙漠气候影响形成的自然带叫作什么?

生:热带荒漠带。

参考点编号:6

师:阿拉伯半岛的西南角形成了什么气候?

生:热带草原气候。

师:你看看小图册和小绿本上的图,都没有(注明)热带草原。因为这里的热带草原不是特别典型,比较少。但这里也有一个很有意思的内容,值得学习。为什么阿拉伯半岛的西南角形成了热带草原气候?简单来讲,如果从因素、要素上分析,你觉得这里形成热带草原气候的因素是什么?

生:降水、地形。

师:阿拉伯半岛的西南角是什么地形?

生:山地、高原。

师:所以这里会产生什么作用?地形对西南季风的抬升作用。这里是高

123

原,海拔比较高,海拔高会带来什么影响?

生:降温。

师:海拔高,温度低,蒸发就会比较弱,所以跟别的地方比起来,这里地形要求达到了,且水分条件稍微好一点,就形成了热带草原。

节点\\C++\关注与相同学科复杂知识建立联系\必修一

参考编码点数:2;覆盖率:0.0911

参考点编号:1

师:这些群岛上是不是有很多比较崎岖的山地? 旁边是不是也有很多深深的海沟? 这是怎么形成的呢? 岛弧和边上深深的海沟是怎么形成的呢? 是板块怎样(形成的)?

生:(板块)挤压。

师:所以它们位于板块的什么边界?

生:消亡边界。

师:好,问题就来了,头抬起来注意看。好,我们说这里是板块挤压、碰撞造成的。咱们来看,先关注东南侧。马来群岛位于板块挤压、碰撞的消亡边界,什么板块和什么板块挤压、碰撞?

生:印度洋板块和亚欧板块。

师:我们再往东侧看。菲律宾群岛、日本群岛以及库页岛这里的岛弧、海沟,位于什么板块和什么板块?

生:太平洋板块与亚欧板块。

师:再关注第三个。我们看到的这个半岛叫什么半岛?

生:堪察加(半岛)。

师:它是不是也是岛弧的延伸啊? 这个半岛上是不是也有山地、高原? 所以山地、高原是不是也是板块挤压、碰撞抬升隆起的? 好,问题就来了,堪察加半岛是什么板块与什么板块挤压、碰撞形成的?

生:美洲板块和……

师:和什么板块？美洲板块和太平洋板块。对不对？问题又来了,这是必修一的内容了。东西伯利亚山地所在的这边,属欧亚板块还是美洲板块？它属美洲板块。我看同学们差不多也都忘了。美洲板块延伸跨过白令海峡,到了东西伯利亚,这都属于美洲板块。所以这个半岛的抬升、隆起应该是什么板块和什么板块挤压、碰撞造成的？美洲板块和什么板块？

生:太平洋板块。

师:对,这是欧亚板块,然后到了这里是美洲板块,这是太平洋板块,然后是印度洋板块。这是必修一中大家容易忽视的(内容)。

参考点编号:2

师:那么这里就穿插了必修一的知识。我们讲河流的补给来源,一般来说有哪几种？

生:冰川融水补给。

师:还有呢？

生:降水补给、湖泊补给、地下水补给。

师:除了冰川融水补给,还有一种补给,不是(源自)冰川,而是(来自)普通的降雪。当春季来临的时候,雪消融的时候,会有什么补给啊？

生:季节性的积雪融雪补给。

师:好,我们来讲五种补给来源。

节点\\F¯\教师以其自身与学生的个人属性为基础来建立控制\会的同学发声

参考编码点数:1;覆盖率:0.005 7

参考点编号:1

师:会的同学要发出自己的声音。

节点\\F¯\教师以其自身与学生的个人属性为基础来建立控制\请坐

参考编码点数:2;覆盖率:0.001 5

参考点编号:1

师：非常好，请坐。

参考点编号：2

师：忘掉了？请坐。

节点\\F⁻\教师以其自身与学生的个人属性为基础来建立控制\日积月累

参考编码点数：1；覆盖率：0.004 3

参考点编号：1

师：知识都是日积月累的，要慢慢去掌握，一开始落后点，只能慢慢补起来。

节点\\F⁺\教师不以任何理由为基础来建立命令式控制\一直强调

参考编码点数：1；覆盖率：0.016 5

参考点编号：1

师：关于热带季风气候的成因，我们从开学，从一开始学习地理讲到之后，一直强调、一直强调，一直在之后的练习中不断强调。热带季风气候的成因是什么？

节点\\F⁺\教师指出学生回答的错误之处

参考编码点数：1；覆盖率：0.001 5

参考点编号：1

师：热带季风气候的成因（是什么）？

生：海陆热力性质差异。

师：不对。热带季风气候的成因，忘掉了？请坐。关于热带季风气候的成因，我们从开学，从一开始学习地理讲到之后，一直强调、一直强调，一直在之后的练习中不断强调。热带季风气候的成因是什么？有什么好笑的？这么简单的东西不知道，感觉很骄傲在那儿笑。热带季风气候的成因是什么？海陆热力性质差异，加气压带风带的季节性移动。最基本的问题不要让我一说再说，没有任何意义。

节点\\F⁺⁺\教师清晰地提及文本中缺失的内容

参考编码点数：4；覆盖率：0.258 9

第五章　社会实在论知识观下的地理教学

参考点编号:1

师:这是亚洲东部和东南部的大江大河,它们的水能资源为什么这么丰富？因为它们的上游都流经了什么地形？

生:山地、高原。

师:由于什么条件,它的水能资源才这么丰富？

生:地势落差大。

师:但是(地势)落差大,水能资源就丰富了吗？这里若是涓涓细流,水能资源还丰富吗？对,还要有流量,或者说水量。所以说水能资源丰富意味着要满足两点,第一点是什么？

生:落差大,流速快。

师:还有一个(点)呢？

生:水量大,流量大。

师:只有这样,水能资源才会丰富。那么当大江大河流经中下游的时候,因为经过的是平原,河道比较宽,流速比较平稳,水量比较大,因此通航条件比较好。好,这是大江大河。

参考点编号:2

师:这个,书上没有,巴尔喀什湖。巴尔喀什湖也很有意思,怎么有意思？它是一半咸一半淡。我们来看地图搜索的结果,这是西面,这是东面,西面是咸还是淡？我提示一下,西面淡,东面咸。为什么？前后桌四个人交流一下。

师:因为时间关系,先自由交流到这里。我叫个同学来说说看。为什么巴尔喀什湖一半咸、一半淡？很多同学肯定都不知道为什么,你能否大胆猜测和假想一下？

生:我猜测这可能是因为气候。

师:展开说说。

生:(是)降水量的问题。

师:你猜测咸和淡,可能跟它的气候,就是跟它的蒸发和降水有关系。请坐。还有没有别的猜测?

生:会不会和地下水有关?

师:哦,可能和它的下渗、地下水补充有关系。这也是一种想法。还有吗?

生:它的西边是伊犁河。

师:西边有伊犁河注入。

生:伊犁河应该是淡的。

师:还有吗?

生:它好像从天山那里流过来的。

师:什么意思?你继续。

生:我觉得天山的积雪融化后,流下来就……

师:其实你这个想法是对之前同学回答的补充,就是有些河流,它们可能发源于天山或者阿尔泰山。天山是有点远的。伊犁河发源于阿尔泰山,是冰川融水补给,比较淡。大家觉得他们说的这几种想法中,哪种更为靠谱一些?

师:一般来说是基于什么原因呢?我们来看。首先,这条叫什么河?图上可能看不太清哦。

生:伊犁河。

师:这里是不是也有一些小的河?但这些小的河,规模跟伊犁河比起来,(是)伊犁河(更)长。所以对于巴尔喀什湖而言,它的西南部有伊犁河注入,它的补给主要来自伊犁河。而伊犁河的一个补给,主要来自冰川融水补给。那么这就会让这里不停地被冲淡,而它的东侧因为注入河流比较少,所以咸。这是其一。

师:其二,你发现巴尔喀什湖跟普通的湖比起来,它有一个很大的特点是什么?很狭长,中间比较窄,那中间窄的水道就会阻止东西两侧水体的交换,所以日积月累,这里(的水)不断地变淡,另一侧的水不断地趋于咸。因为总的环境处在一个蒸发(量)大于降水(量)的状况下,这就导致了巴尔喀什湖一半咸、一半淡。

参考点编号:3

师:然后往北10°到北回归线之间,主要是南亚地区,印度半岛和东南亚的中南半岛,这里形成(了)什么气候?

生:热带季风气候。

师:热带季风气候的气候特点(是什么)?

生:终年高温,夏季多雨。

师:热带季风气候的成因(是什么)?

生:海陆热力性质差异。

师:不对。热带季风气候的成因,忘掉了?请坐。关于热带季风气候的成因,我们从开学,从一开始学习地理讲到之后,一直强调、一直强调,一直在之后的练习中不断强调。热带季风气候的成因是什么?有什么好笑的?这么简单的东西不知道,感觉很骄傲在那儿笑。热带季风气候的成因是什么?海陆热力性质差异,加气压带风带的季节性移动。最基本的问题不要让我一说再说,没有任何意义。

师:热带季风气候,夏天吹什么方向的风?

生:西南。

师:西南风的成因是什么?

生:就是气压带风带的季节性移动。

师:具体来说是什么?东南信风向北越过赤道,受地转偏向力的影响,逐渐向右偏转,成西南风。热带季风气候冬季吹什么风?会的同学要发出自己的声音,大家都乱或者常常随便说一下就过去了,那所有同学都会慢慢地掌握不了东西。我们讲热带季风气候,夏季主要吹西南风,冬季吹什么风?

生:东北风。

师:亚洲高压,东北风。东北风的成因是海陆热力性质差异。所以热带季风气候的成因有两点,记住,是海陆热力性质差异,加气压带风带的季节性移动。

参考点编号:4

师:阿拉伯半岛的西南角形成了什么气候?

生:热带草原气候。

师:你看看小图册和小绿本上的图,都没有(注明)热带草原。因为这里的热带草原不是特别典型,比较少。但这里也有一个很有意思的内容,值得学习。为什么阿拉伯半岛的西南角形成了热带草原气候?简单来讲,如果从因素、要素上分析,你觉得这里形成热带草原气候的因素是什么?

生:降水、地形。

师:阿拉伯半岛的西南角是什么地形?

生:山地、高原。

师:所以这里会产生什么作用?地形对西南季风的抬升作用。这里是高原,海拔比较高,海拔高会带来什么影响?

生:降温。

师:海拔高,温度低,蒸发就会比较弱,所以跟别的地方比起来,这里地形要求达到了,且水分条件稍微好一点,就形成了热带草原。

2. M老师的课堂教学视频编码

文件\\M老师\\M2

节点\\C⁻⁻\地理事实\美国地形

参考编码点数:1;覆盖率:0.018 0

参考点编号:1

师:这里,我们着重强调了三大地形区,西边是什么?

生:科迪勒拉山系。

师:西边是科迪勒拉山系,不是山脉,山系是由几条山脉组成的。那么中部呢？

生：中部是平原。

师：中部是平原，再往东去呢？

生：是阿巴拉契亚山脉。

师：这个山脉我们当时用了一个什么形容词来形容？

生：低缓。

师：对，低缓。它相对来说较为低缓。

节点\\C⁻⁻\地理事实\美国工业

参考编码点数：1；覆盖率：0.015 7

参考点编号：1

师：美国最早的（工业区）叫作东北工业区，位于五大湖沿岸和大西洋沿岸。现如今，不要觉得它是传统工业区就小看它了啊，它依然是美国门类最齐全的、规模最庞大的一个工业区。从另一个角度也可以说，它依然是美国的工业制造业带。南边和西边有两个新的工业区。

节点\\C⁻\关注与不同学科复杂知识建立联系\罗斯福新政

参考编码点数：1；覆盖率：0.016 3

参考点编号：1

师：20世纪30年代，罗斯福上台之后，也提出了很多的农业新政，你们的历史课本上有提到。农业新政的有些政策延续至今。限耕政策是限制农场的最大面积的。休耕政策就不用说了，是用于保持土壤肥力的。补贴政策能尽可能地保障农民的权利，还有一些环境保护政策，等等。

节点\\C⁺\复杂地理概念\可持续发展

参考编码点数：1；覆盖率：0.004 2

参考点编号：1

师：所以现如今的美国农业生产是一种可持续的、很值得我们学习的生产方式。

节点\\C⁺\复杂地理概念\美国农业

参考编码点数:14;**覆盖率**:0.240 3

参考点编号:1

师:我们看一下美国的农业有什么样的特点。先注意一下第52页的标题,它怎么写的?对,农业生产地区专门化。这个词怎么断句?你把最后五个字圈出来,最后五个字是"地区专门化",这是美国农业最大的一个特点,即地区专门化。

师:那么你现在来看一下这一自然段,看看到底什么叫作地区专门化。

生:就是一个地区专门生产一种或者几种农畜产品。

师:其实这一段就突出了四个字,大家觉得这四个字是什么?

生:因地制宜。

师:这一自然段就突出了四个字——因地制宜。那么它最终的目的是什么呢?

生:取得最大的经济效益。

参考点编号:2

师:那么灌溉农业是怎么回事?对,只要出现"灌溉农业"这个词,大家注意一下,说明这个地方干旱。那么为什么这里干旱呢?我们再来分析一下,安静。我们再把昨天那个图画一下,这是太平洋,这里是海岸山脉,这是内华达山脉。好,这边,中间有个大盆地,这是什么山?

生:落基山。

师:好,中间有个大盆地。这个大盆地里面很干旱,为什么干旱?我们会讲到,这里的气流被抬升,使得西海岸降水非常丰富,但到了盆地里面呢?对,降水少。降水少,意味着气候干旱、干燥,但是这里面有什么?

生:有河流。

师:有我们上节课讲的一条河流,科罗拉多河。没错,科罗拉多河就在这个地方,就在这个地方。好,那你说有了河流,就有了什么?

生:就有了灌溉水源。

师:所以西部山地的这个地方是畜牧和灌溉农业带。

参考点编号:3

师:加州的土地利用方式发生了怎样的变化?这个变化背后的原因是什么?原先的粗放的放牧业,出现在西进运动以前。这里人口非常稀少,所以(发展)粗放型的农业很适合呀,尤其是(发展)粗放型的放牧业。后来随着人口不断的增多,作物种的是什么呢?

生:粮食(作物)。

师:主要是一些粮食作物,还有棉花这样种植规模比较大的。

师:后来随着城市化的不断发展,又开始出现了蔬菜种植、水果种植等多元化的方式。这种土地利用方式变化的原因是什么?

生:人口增加。

师:人口增加之后,大量农业用地被侵占。你觉得最关键的是什么?

生:农业生产的集约化。

师:不要看材料,其实我们之前讲过,最关键的是市场需求在变化。还记得吗?土地利用方式的变化,特别是农业土地利用方式的变化,就是因为市场需求在变化。除了市场,还有你们刚才说的什么?

生:人口。

师:人口增加,大量的农业用地被征被侵占了,所以仅剩的那些农业用地的地价越来越高。地价高,就不太适合发展那种粗放型的或者大田作物了,就要发展产品价值更高的农业。还有,随着农业科技的不断改善,也支撑着水果、蔬菜等农业生产。

师:那在这样变化当中,哪个原因是最主要的?还是市场的变化。所以给大家启示就是,农业生产布局的时候要跟市场相适应,适时地调整农业的产业结构。

参考点编号:4

师:美国的农业是非常发达的,来看一下数据你们就知道了。美国农业产量占全球的比重,出口量占全球的比重,好多个第一。玉米,毫无疑问,有两个第一。大豆,有两个第一。棉花,也有两个第一。

师:那么在这里你能找到玉米带,你能找到棉花带,那大豆种在哪里?没有大豆带。

生:混合农业带有(种)。

师:还有呢?

生:玉米带有(种)。

师:对,玉米带也有种。那大家来分析一下,玉米和大豆轮作,这样轮作有什么好处?

生:固氮。

师:对,玉米割完之后再种上大豆,大豆有个什么作用?固氮,所以可以保持土壤肥力,这就是轮作的一个优势。

参考点编号:5

师:保护性耕作方式有三个——免耕、休耕和轮作。

参考点编号:6

师:什么叫免耕?比如放到我们国家,华北平原种的是小麦,对吧?小麦割完了之后,地里还留了一层麦茬,我们国家以前怎么做?对,烧,直接烧。美国这边就别烧了,就算你在下一次耕作之前,这些麦茬你都要保留着,不要现在去翻动它。如果翻动了它,有什么不好呢?翻动了之后土壤是疏松了,适宜耕作了,但是问题又来了,土壤变得疏松了,风一吹,土壤风蚀又变得严重了,所以这种所谓的免耕方式是为了减少土壤流失,减少土壤侵蚀的。

参考点编号：7

师：刚才讲的是一种轮作方式，玉米和大豆轮作也是一种提高土壤利用率、土壤肥力的方式。

参考点编号：8

师：美国政府在发展生态农业、有机农业、节水农业、精准农业、处方农业。

参考点编号：9

师：第一个(是)生态农业，生态农业就记四个字，减少污染。它的污染源是什么呢？对，主要是化学农药。

参考点编号：10

师：好，有机农业，有机农业删去后面三个字，有机肥。笑了的同学就知道什么是有机肥了。

参考点编号：11

师：精准农业，你就记这四个字。

参考点编号：12

师：处方农业跟精准农业是相辅相成的。

参考点编号：13

师：你们简单记一下什么叫处方农业，就是农业生产过程中强调农药、化肥的定量使用。

参考点编号：14

师：这就是精准农业。好，我可以用计算机定量化地告诉你要用多少农药，施多少化肥，这就是处方农业。所以两者是相辅相成的。

节点\\C$^+$\\复杂地理概念\\遥感在农业中的应用

参考编码点数：1；覆盖率：0.010 1

参考点编号：1

师：不同的病虫害，不同程度的病害，有健康的，有轻度的，有重度的，其每个波段的反射率是不一样的。那么通过遥感技术，我们可以诊断这个地区到底有什么病害,程度怎样。

节点\\C$^+$\关注与相同学科简单知识建立联系\必修二

参考编码点数:3;覆盖率:0.013 9

参考点编号:1

师:第53页的这张图,其实在学必修二的时候就出现过了,我当时也让大家记过一些(其中的知识点)。

参考点编号:2

师:这是我从必修二上直接摘录下来的。还记得吗?用一句话分析一下美国中部平原发展商品谷物农业的优势。

参考点编号:3

师:因为这是必修二的(内容),原先的笔记中应该是有的。

节点\\C^{++}\地理规律及原理\美国地形对气候的影响

参考编码点数:1;覆盖率:0.062 2

参考点编号:1

师:好,我们再复习一下另外的知识,就是地形对气候的影响。美国的地形对气候会有怎样的影响?好,分三个地形区,第一个地形区,西部山地,它对于气候有怎样的影响?

生:阻挡作用。

师:很明显,它阻挡了盛行西风的深入,这使得它的西海岸降水怎么样?

生:降水多。

师:降水非常多,对吧?降水非常多,当时我们还举了一个例子,说有个词叫温带雨林。好,那么从西海岸向东去,降水怎么样?减少。看一下书本第22页最上面用了一个词,怎样减少的?急剧,对,急剧减少。因为在这里,山脉的阻挡作用是非常明显的。好,这是西部山地对于气候的影响。

师:那中部平原呢,中部平原对气候有怎样的影响?

生:冬季极地冷气流可以直达墨西哥湾。

师:那直达墨西哥湾有什么影响呢?

生:形成大风寒潮天气。

师:这使得这里的年均温度会降低一点,所以气候的大陆性会强一些。那东部的山地呢? 东部山地对气候影响大不大?

生:不明显。

师:为什么不明显?

生:低缓。

师:对,因为它相对低缓,对于海洋水汽的阻挡作用没有那么强烈。从东到西降水量是怎么样的? 减少吗? 怎样减少?

生:逐渐减少。

师:从西到东呢?

生:急剧减少。

师:这就是山脉的阻挡作用,是有差异的。

节点\\C^{++}\地理规律及原理\美国农业地域类型

参考编码点数:4;覆盖率:0.106 7

参考点编号:1

师:好了吧,来,抬头。记下来没? 好,来,找几个主要的啊,A 是?

生:乳畜带。

师:很好,A 是乳畜带。B 呢?

生:B 是混合(带)。

师:C 呢?

生:棉花带。

师:对,C 是棉花带。可以这样想,棉花的习性是怎样的?

生:喜热、喜光。

师:对,喜热、喜光,那么它更加适合(种)在南边,对吧? 来,F 呢?

生:玉米带。

师:很好,玉米带。E呢?

生:E是小麦(带)。

师:那E为什么分成两块呢?它们代表什么意思?

生:嗯……

师:坐下。

生:就是一个是(种)春小麦,一个是(种)冬小麦。

师:哪个是(种)春小麦?哪个是(种)冬小麦?

生:E1是(种)春小麦,E2是(种)冬小麦。

师:春小麦是什么时候播种?

生:春天播种。

师:对,春种,春天播种。冬小麦什么时候播种?

生:冬天。

师:不是冬天种哦,是秋天种。那为什么E1这个地方(小麦)不能过冬呢?

生:纬度高。

师:对,纬度太高,热量就较少。

参考点编号:2

师:如果再让你区分一下小麦带和玉米带,你觉得小麦带和玉米带,哪个带降水更多一点?

生:当然是玉米(带)。

师:对,因为玉米带更加靠东一些,靠东一些,降水就稍微多一点。

师:好,还有一个地方就是美国的五大湖地区。这个地区发展了什么?

生:乳畜带。

参考点编号:3

师:好。咱们已经讲过小麦带、玉米带、乳畜带了,再往西边看。西部山地是什么农业带?

生:畜牧和灌溉农业带。

参考点编号:4

师:再往西去,大家看地中海气候区,地中海气候区是什么农业带?

生:水果和灌溉农业带。

师:这里有灌溉农业也好理解,因为这里的夏季有什么特点?

生:炎热、干燥。

师:夏季是炎热干燥的。那这说明需要大量的灌溉水源。

师:为什么这里水果的品质非常好呢?还是因为夏季炎热干燥。炎热干燥,白天什么就多?

生:阳光多。

师:对,光照充足。我们以后讲到水果品质好的时候,大家就要想到两点,一点是光照充足,第二点就是什么?

生:昼夜温差大。

师:对,昼夜温差大,所以这个地方种水果非常有优势。这里有哪些典型的水果呢?

生:葡萄、无花果。

师:停停停,不是啊,你刚才说的那些,主要还是在欧洲。这里种的有橘子,肯定有的,葡萄也是有的。

节点\\C^{++}\地理规律及原理\美国农业区位优势

参考编码点数:4;覆盖率:0.070 8

参考点编号:1

师:美国的农业生产条件,先从它的自然条件上来分析。三大地形区中,哪一个更加适合农业生产?

生:中部。

师:对,中部平原地区。中部平原地区为什么适合农业生产?

生:因为地势平坦,而且地广人稀。

师:那你说它发展起来的是什么呀?

生:商品化农业。

师:那西部山地呢?西部山地更加适合发展什么?山区肯定不太适合发展种植业,它适合发展什么?

生:畜牧业。

师:对,畜牧业。那我再问一下,这里的畜牧业,是大牧场放牧业还是乳畜业?

生:大牧场放牧业。

师:对,是大牧场放牧业,因为山地山坡上有大量的天然草场,比较开阔,最适合发展这种大规模的大牧场放牧业。再加上这里人口怎么样?

生:人口少,所以也不适合发展乳畜业。

参考点编号:2

师:这里大部分属温带和亚热带气候,而且请注意,尽管我说美国温带大陆性气候分布很广,但是它们那里的温带大陆性气候跟我们中国这边的温带大陆性气候还有点不一样。美国的温带大陆性气候更加湿润一些,所以说,水热条件还是比较好的。

参考点编号:3

师:水源主要从哪里来?

生:密西西比河。

师:还有呢?

生:还有五大湖。

师:水源还是比较充足的。

参考点编号:4

师:但是我想确切地问一下,哪里的土壤肥沃?

生:大平原。

师:对,主要是中央平原这个地方土壤肥沃。中央平原是什么土?

生:黑土。

节点\\C^{++}\地理规律及原理\美国五大湖沿岸发展乳畜业的区位优势

参考编码点数:1;覆盖率:0.077 9

参考点编号:1

师:我们先不讲五大湖,我们先讲讲乳畜带的区位优势。优势有两个,首要区位优势是市场,第二(优势)呢?

生:饲料。

师:对,饲料。我们把这两个(优势)套到美国的五大湖地区。现在先说一下市场。

生:经济发达。

师:对,这里经济非常发达。

生:城市化水平高。

师:城市密集,人口众多,所以需求量大。还有没有?我们之前还讲过一个(优势),对,饮食习惯,饮食习惯好。

师:第二个(优势)是饲料。有人提到了谷物,有人提到了牧草,我们现在来分别分析一下,这两个都可以作为饲料,对吧?现在说一下谷物,谷物是哪来的?

生:主要是玉米带。

师:那牧草呢?我们现在分析一下牧草。这里是什么气候?

生:温带大陆性气候。

师:好,美国的大陆性气候,分析一下它的特点。这是芝加哥的气温和降水分布图,但是最冷月均温是低于零度的,肯定不是温带海洋性气候,这个要注意。然后降水,相对来说怎么样?

生:均匀。

师:相对来说较均匀,而且总量上来说也不少,所以这里的气候用冷湿来形容是很合适的。那气候冷湿的时候就不适合种什么,适合种什么?

生:不适合种谷物,适合种牧草。

师:这是从气候角度来分析的。

师:接着再从土壤的角度分析。这里的土壤相对来说较贫瘠,所以也不适合干什么,适合干什么?你不是说不适合种谷物,适合种牧草吗?对,主要就是这一点。为什么种多汁牧草的土地是贫瘠的啊?

生:它对肥力的要求没有那么高。

师:牧草对于肥力的要求没有那么高。

节点\\C^{++}\地理规律及原理\美国中部平原发展商品谷物农业的区位优势

参考编码点数:2;覆盖率:0.068 8

参考点编号:1

师:这个商品谷物农业就是指的两个带,哪两个带?

生:小麦带和玉米带。

师:它的区位优势有哪些?

生:这里属温带大陆性气候。

师:然后呢?

生:地势低平。

师:气候还没讲完,你又直接讲地形。

生:温带大陆性气候,水热条件比较适宜。

师:"适宜"这个词用得好。因为总的来说降水不是很多。降水不是很多,对于小麦和玉米这些喜光的作物来说很适合,对吧?因为降水不多,那么什么就多?

生:光照就充足。

师:对,光照就充足了,所以适合(种)小麦和玉米。你再说一下。

生:地形平坦。

师:对,地形平坦。好,还有没有(补充)?

生:土壤肥沃。

师:嗯,土壤是黑土,所以肥沃。还有一个(优势)?

生:这里我想想。河网密布,水源充足。

师:"河网密布"去掉,这里的河网并不密布。对,水源,这里有充足的水源。这个水源哪儿来的呢?

生:密西西比河。

师:好,你刚才讲的其实都是自然条件,有土壤的,有地形的,有气候的,还有水源的,都是自然条件。那除了自然条件外,还有没有其他方面的(优势)?

生:交通非常便利。

师:是的,运输便利。还有没有?我们刚才还说了一个,你说这里地形平坦,就适合干什么呀?

生:机械化。

师:对,更加适合大型机械化的生产。好,那大型机械化生产的前提还有什么?对,这里科技有优势,工业有优势。坐下。

参考点编号:2

师:优越自然条件,便利的交通,机械化式耕种,高度发达的工业,还有先进的科技。

节点\\C^{++}\地理规律及原理\农业区位

参考编码点数:1;覆盖率:0.030 4

参考点编号:1

师:农业区位,有几类?

生:三类。

师:第一类,自然区位。第二类,技术经济区位。第三类,社会经济区位。其中,技术经济区位包含什么?

生:劳动力、技术装备、生产技术、种植方式还有耕作制度。

师:好,关于社会经济区位,我们强调了什么?

生:市场波动。

师:但是这三种区位当中,我们着重强调的还是自然区位。来,抬头,再填空。气候、水源、土壤、地形。好,其中关于气候的,我们又着重强调了气候的什么和什么和什么,一定要说一下。

生:光照、热量、降水。

师:所以总共来说有六个(因素)。

节点\\F⁻\教师以其自身与学生的个人属性为基础来建立控制\阅读资料并思考

参考编码点数:1;覆盖率:0.002 2

参考点编号:1

师:我们刚才阅读了那么多,咱们现在来思考一下。

节点\\F⁺\教师不以任何理由为基础来建立命令式控制\画一下

参考编码点数:1;覆盖率:0.002 7

参考点编号:1

师:这三个词圈出来。这儿有好几个(词),有五个(词),把这几个(词)圈出来。

节点\\F⁺\教师不以任何理由为基础来建立命令式控制\考试

参考编码点数:2;覆盖率:0.005 8

参考点编号:1

师:每个位置对应的是什么农业带,这个知识点是经常会考到的。

参考点编号:2

师:现在我们挨个来记一下,因为这个可能会在考题中出现。

节点\\F⁺\教师指出学生回答的错误之处

参考编码点数:1;覆盖率:0.008 5

参考点编号:1

生:这里我想想。河网密布,水源充足。

师:"河网密布"去掉,这里的河网并不密布。对,水源,这里有充足的水源。这个水源是哪儿来的呢？

生：密西西比河。

节点\\F^{++}\教师清晰地提及文本中缺失的内容

参考编码点数：1；覆盖率：0.077 9

参考点编号：1

师：我们先不讲五大湖，我们先讲讲乳畜带的区位优势。优势有两个，首要区位优势是市场，第二（优势）呢？

生：饲料。

师：对，饲料。我们把这两个（优势）套到美国的五大湖地区。现在先说一下市场。

生：经济发达。

师：对，这里经济非常发达。

生：城市化水平高。

师：城市密集，人口众多，所以需求量大。还有没有？我们之前还讲过一个（优势），对，饮食习惯，饮食习惯好。

师：第二个（优势）是饲料。有人提到了谷物，有人提到了牧草，我们现在来分别分析一下，这两个都可以作为饲料，对吧？现在说一下谷物，谷物是哪来的？

生：主要是玉米带。

师：那牧草呢？我们现在分析一下牧草。这里是什么气候？

生：温带大陆性气候。

师：好，美国的大陆性气候，分析一下它的特点。这是芝加哥的气温和降水分布图，但是最冷月均温是低于零度的，肯定不是温带海洋性气候，这个要注意。然后降水，相对来说怎么样？

生：均匀。

师：相对来说较均匀，而且总量上来说也不少，所以这里的气候用冷湿来形容是很合适的。那气候冷湿的时候就不适合种什么,适合种什么?

生:不适合种谷物,适合种牧草。

师:这是从气候角度来分析的。

师:接着再从土壤的角度分析。这里的土壤相对来说较贫瘠,所以也不适合干什么,适合干什么?你不是说不适合种谷物,适合种牧草吗?对,主要就是这一点。为什么种多汁牧草的土地是贫瘠的啊?

生:它对肥力的要求没有那么高。

师:牧草对于肥力的要求没有那么高。

(二) 重构理论——教学模式的归纳

在扎根理论中什么可以作为理论?怎样使扎根理论分析得具有理论性呢?也就是说,怎样从分析的过程转到扎根理论的形成?为了评估扎根理论研究是否、怎样、为什么提供了真实的理论,就需要思考什么是理论。

实证主义将理论看作有关抽象概念之间关系的命题,并将其定义为涵盖了广泛经验的观察领域。实证主义者对概念进行了操作性定义,他们把理论概念作为变量,并通过精确的、可重复的经验评估来验证假设。在这种理念中,理论是为了解释和预测的。实证主义理论寻求支持决定论的解释与原因,并且强调一般化和普遍性。简言之,实证主义理论包括一组内在相关的命题,目的是——把概念作为变量,以便能够将概念间的关系具体化,进一步解释和预测这些关系,从而使得知识能够系统化,并通过假设验证来证明理论关系,为研究产生假设。

解释学的理论,要求对被研究现象进行具有想象力的理解。这种理论类型假定事实和价值的联系是无法截然分开的;社会生活是过程性的;真理是临时的;现实是生成的、多元的。简言之,解释学的理论目标在于——对被研究对象进行理论化,用抽象的术语理解它;说明与范围、深度、力量以及相关性有关的理论命题;在理论化过程中接受主观性以及协商、对话和理解的角

第五章 社会实在论知识观下的地理教学

色;提供具有想象力的解释。①

不论是实证主义还是解释学,均认可理论是修辞性的。理论表现了关于世界的命题以及世界中的关系,虽然有时会消除背景因素,只剩下似乎中立的陈述。在思考实证主义或解释学理论时,需要考虑学科内部、学科之上以及学科之间理论的范围和力量。理论闪烁着具有启示性的见解,理解那些复杂的问题和模糊的线索。通过理论,能够从不同的立场看这个世界,产生关于世界的新的意义。理论有着内部的逻辑,基本上能够结合成连贯的形式。

故而,本研究采用了兼具实证主义和解释学倾向的"理论"定义,即理论意味着"一套在关系命题中相互联系的完善概念,它们共同构成了一个完整的框架,可以用来解释和预测现象"②。使用扎根理论所形成的理论,在研究中具体体现为社会实在论知识观下的地理教学模式。

在教学模式当中,一种是作为参照标准的教学模式,还有一种是作为客观存在的教学模式。其中,作为参照标准的教学模式是"用于设计面对面的课堂教学或辅助情境,确定包括书籍、电影、磁带和计算机程序以及课程(长期学习的各种科目)在内的教学材料的计划和范型"③。而作为客观存在的教学模式是一定条件下的教学活动实际遵循的相对稳定的"套路",或者说,是在一定条件下的教学活动实际展现的基本格局。④ 作为参照标准的教学模式与客观存在的教学模式的不同在于,它是经过一定"社会认可"的某些教学模式。作为参照标准的教学模式可被称为"应是模式",即可供效仿的模式;作为客观存在的教学模式可被称为"实是模式",即可供对照的模式。本研究是

---

① [美]凯西·卡麦兹. 建构扎根理论:质性研究实践指南[M]. 边国英,译. 重庆:重庆大学出版社,2009:160.

② Strauss A L, Corbin J M. Basics of Qualitative Research: Grounded Theory Procedures and Techniques [M]. Thousand Oaks: Sage, 1998: 15.

③ Joyce B R, Weil M. Models of Teaching [M]. London: Prentice Hall, 1986: 2-3.

④ 吴康宁,程晓樵,吴永军,等. 教学的社会学模式初探[J]. 教育研究,1995(7):31-36,42.

从"实是模式"的意义上来使用教学模式这一概念的。

在三级核心编码阶段,借用了伯恩斯坦所创建的教学符码理论中的分类和架构概念。[1] 伯恩斯坦认为教育知识结构是教育社会学的独特研究方向,并不断强调构成这种知识结构基础的权力和控制因素。他发展了分类和架构这两个概念,并基于这两个概念创建了一套严密的对宏观和微观层面进行分析的方法。正如伯恩斯坦所述,虽然《关于教育知识的分类和架构》(On the Classification and Framing of Educational Knowledge)[2]一文是其理论发展的基准之一,但他认为最重要论文却是《符码、模式和文化再生产过程:一种模型》(Codes, Modalities and the Process of Cultural Reproduction: A Model)。[3] 居于这一模型核心的概念是符码[4]。符码在不同语境关系中起到了调节器的作用,同时也成了生成文本指导原则的发生器。在操作层面,符码是由编码的取向和实现这一取向形式之间的关系定义的,表达公式[5]如下:

$$\frac{O^{E/R}}{\pm C^{ie}/\pm F^{ie}}$$

其中,$O^{E/R}$代表着编码的取向,E(elaborated)为精致符码,R(restricted)为限制符码;±代表着分类和架构的强弱值;C代表着分类的原则,即范畴(categories)间的关系;F代表着架构的原则;i代表着语境中的内部控制;e代表着语境之间交际关系的外部控制/方向,例如家庭—学校、社区—学校、

---

[1] Bernstein B. Pedagogy, Symbolic Control, and Identity: Theory, Research, Critique [M]. Lanham: Rowman & Littlefield Publisher, Inc, 2000: 5-22.

[2] Young M F D. Knowledge and Control: New Directions for the Sociology of Education [M]. London: Collier Macmillan, 1971: 47-69.

[3] Bernstein B. Codes, Modalities and the Process of Cultural Reproduction: A Model [J]. Language in Society, 1981, 10(3): 327-363.

[4] 国内教育学者对此"code"一词的译法并不统一,有"符码""编码""语码"等,本书采用"符码"一词。

[5] Bernstein B. Pedagogy, Symbolic Control, and Identity: Theory, Research, Critique [M]. Lanham: Rowman & Littlefield Publisher, Inc, 2000: 187.

学校—工作场所。

就其本质而言,官方教学话语制度化了精致的取向,使得处于其中的意义具有普遍性且相对独立于语境。编码取向可能会引发大范围的实现,这些实现反映了权力的分配和固着于教学语境之中的社会关系的控制原则。

分析范畴(例如科目、空间、话语)间的关系时,分类指的是这些范畴间边界的维持程度;范畴间的边界显著即为强分类,范畴间的边界模糊即为弱分类。分类还指不同范畴间的层级结构,而每一个范畴都有其特定的地位和发言权,因此有着既定的权力。架构指范畴间的社会关系;有着较高地位的范畴在关系中拥有控制权即强架构,有着较低地位的范畴在关系中拥有控制权即弱架构。

在官方教学语境中,分类这一概念提供了评估学校知识的地位的可能性,而架构这一概念则提供了分析教学过程中所使用的方法的可能性。因此,分类可以用于对下述关系的评估:科目之间——教师与学生,学生与学生;话语之间——学科内和学科间,学术知识和非学术知识;空间之间——教师空间与学生空间,不同学生的空间。

而在教师与学生这一组关系中,架构可以用于对下述关系的评估:①语篇规则规定的关系(知识的选择、学习的次序、评价的标准);与层级规则有关的关系。

经过 NVivo 12 软件的计算,得到了社会实在论知识观下的地理教学模式(见图 5-5)。通过归纳可知,该教学模式具有明显的"强分类强架构"特征,亦即"显性教学模式(visible pedagogy)"②。

伯恩斯坦认为,任何一种教学实践,不管是传统保守的教学、儿童本位的

---

① Morais A M, Neves I P. The Quest for High-level Knowledge in Schools: Revisiting the Concepts of Classification and Framing [J]. British Journal of Sociology of Education, 2018, 39(3): 261-282.

② Bernstein B. Class, Codes and Control, Volume III - Towards a Theory of Educational Transmissions [M]. London: Routledge and Kegan Paul, 1975: 107-136.

教学,还是批判性教学,在任何教学关系中都是由三个规则构成内部的逻辑:一个是有关由传递者和习得者之间的角色界线和权力分配的层级性规则,另一个是有关传递次序、节奏、快慢的顺序进程规则,再加上一个评价这两种规则所建立秩序的评鉴规则。

而显性教学模式,是一种上述三种规则均明确的教学实践模式。传递者与习得者的角色明确划分,有着清楚的层级权力关系,年级、课表、进度表、课程内容、奖惩具体呈现明确的教学顺序进程,每个学习阶段的结束或开始宛如一个阶段结束或开始的转换仪式。在这种教学实践模式中,习得者清楚具体的评鉴规则,知道自己的角色行为和社会规则,也知道自己应有的学习表现和对自己的评价标准。显性教学模式具有明确的层级规则、顺序进程规则和评鉴规则。

第五章 社会实在论知识观下的地理教学

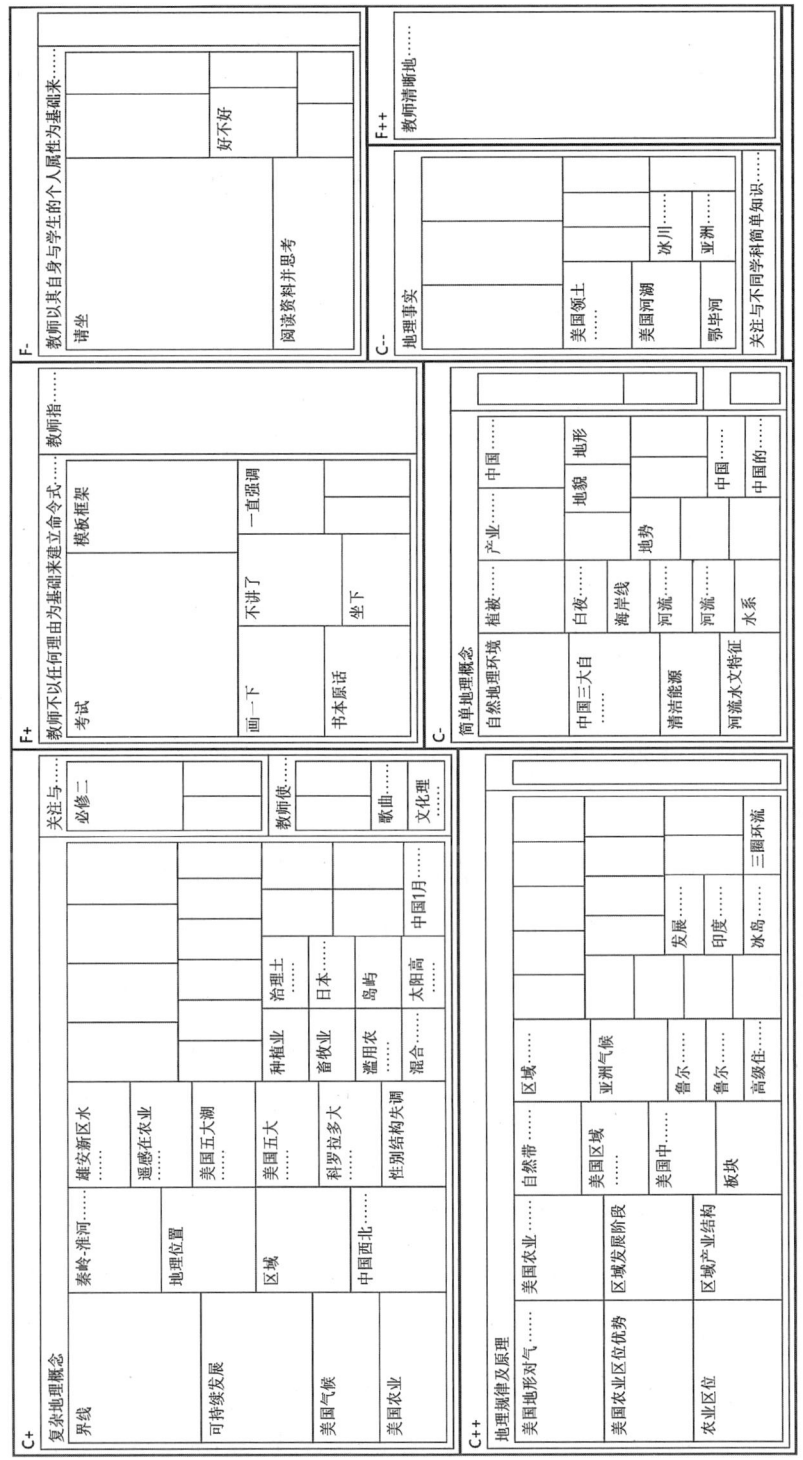

图 5-5 社会实在论知识观下的地理教学模式图

第六章 结论与展望

第一节 研究结论

一、地理知识类型

在课程社会学中的社会实在论转向,是针对社会建构主义存在的问题,特别是其非实在论假设而发展起来的问题。社会实在论与社会建构主义分道扬镳,因为社会实在论坚持认为知识的社会本质,这包括知识的构成和发展,使得理论家能够宣称知识是合法的。因此,尽管知识是拥有社会基础的,但这并不意味着知识就一定会沦为既得利益集团、特定群体或权力关系的工具。即使人们承认,知识生产并非不可避免地与促进特定既得利益集团的发展有关,包括促进认知利益的发展有关,但知识仍保有独立于权力斗争的认知价值空间,有与特定地方、特定时间或特定话语社区相关联的认知价值,有超越地方和时间的知识生产的基础结构,因此有办法确定某种课程比其他的课程好。于是,知识的社会性并没有对其客观性带来破坏,却是实现知识客观性的必要条件。此外,如果这一观点是正确的,那么诸如分化、分裂、归类、累进等过程就成为知识发展关键时刻,因此也成了理解知识及其合法性的关键框架。爱弥尔·涂尔干、巴兹尔·伯恩斯坦、列弗·维果斯基关于知识分化的相关理论,为隐含在实在论知识观之中的关键思想"知识分化"提供了支持性的渊源。

课程的社会实在论观点,建立在对知识具有独立于其生产社会条件的假设之上。社会实在论的一个重要方面在于,对知识从生产其的学科,到基于学校的课程的再语境化,设置了特定的规则,即课程选择决策强调了学术依据的重要性。这样,社会实在论在承认知识社会性的基础上,通过对学科社群所主张知识准则的认可,又使得知识客观性得以保障。正是这种经受过学科社群专家测试和准许的相对安全和稳定的知识,为知识所有者提供了平等地拥有知识的认识论基础的途径。那么为了促进课程公平的实现,这样的知识就应该为构成课程的知识选择提供基础。由此,社会实在论知识观凭借知识的社会性和客观性具有内在一致性这一媒介,在课程知识与课程公平间搭建起了联系的桥梁。

"强有力的知识"这一概念将社会实在论知识观与教育问题建立起了联系。强有力的知识提出的理念起点是公民在法律面前一律平等,并进一步拓展至儿童作为未来公民均具有相同的教育权利,因此,国家课程(和每所学校的课程)应该保证儿童的权利。由此,每所学校的课程均代表着在该所学校儿童的知识权利,换言之,每所学校的课程(实际上是国家课程)不应以种族、性别、家庭环境、预测的能力或动机为由在课程方面歧视儿童。在这个意义上,课程可以视为平等的保证,至少是机会的平等的保证。而为了满足以上要求,课程必须以"我们拥有的最好的知识"为基础,且这些知识与儿童带入学校的经验有着显著的区分。强有力的知识提供了关于自然和人文世界的最佳理解,并能够帮助我们超越个人经验。

二、地理课程形态

强有力的知识强调了知识的社会认知性质,以及知识所具备的力量"搬运"性质。于是,在认可社会利益不会耗尽知识所具有的教育意义的同时,强调所有人都有获得强有力的知识中力量的可能,且这种力量是无限转移的,使得强有力的知识具备了民主基础和与社会公正的概念联系。地理知识可以促使我们形成事物在哪里的地理观念,帮助我们做出决策并解决问题,进而让我们理解事物为什么在某地存在,理解事物在空间上怎样以及为什么关联。那么,构成公平地理课程的强有力的地理知识包括四类:提供新思维方式的地理知识;提供新理解方式的地理知识;提供新行为方式的地理知识;提供新参与方式的地理知识。

社会实在论又通过强调知识的社会分化,挑战了一种普遍认同假设——边界总是用来跨越的障碍,而非创新和生产、获取新知识的条件。边界在创造学习者的身份认同方面扮演着重要的角色,因此成了获得"强有力的知识"的条件。边界的作用和知识的社会分化,是从知识社会学中提取的识别未来课程的三种可能路径的两个关键原则。基于此,未来课程有以下三种可能路径。未来1:边界是既定的和固定的——"未来"是和"社会化不足"的知识概念相关联的;未来2:边界的终结——"未来"是和"过度社会化"的知识概念相关联的;未来3:边界的维持居于边界的跨越之前——在该种"未来"中,两者之间的变量关系成为生产和获取新知识的条件。

对未来1课程和未来2课程的批判和分析,产生了未来3课程。它从某种意义上阐述了社会实在论知识观能够提供什么,以及如果我们对未来课程的构想具有可靠性,我们为什么需要社会实在论知识观。未来3课程是基于这样的一种假设,即强有力的知识是在特定社会条件下生产和获取的。这些条件不是既定的,它们既是历史的,同时也是客观的。它们的历史性在未来1课程中被否定——边界想当然被认为是既定的;它们的历史性和客观性在未来2课程中同时被否定。未来2课程充其量是提供了越来越没有边界和碎片化的全球分化消除,以及对自下而上的新社会运动潜力的乐观估计。相比之下,未来3课程强调了边界的持续作用,不论是在大脑中,抑或是在心理抑或是人类的实践世界,这些边界都不是既定的实体。但是在定义特定领域的全球专家社群中,这些边界是新知识生产和获取的基础以及更为广泛的人类进步的基础。

那么,公平的地理课程是以未来3的课程形态呈现的,即仍是以地理学科"再语境化"所形成的地理科目为基本形式,以同时具备客观性和历史性的强有力的地理知识为主要内容,强调学科边界的持续作用。

三、地理教学模式

虽然我国《普通高中地理课程标准(2017年版2020年修订)》所呈现的地理课程具备未来3地理课程的特征,但课程文本能否按照课程设计的本意得以实施,又由另一个重要的环节——课程知识的传递,即教学,来实际决定。于是通过社会科学研究在国际上比较流行的质性研究方法,依托扎根理论及建立在该理论基础上开发的NVivo 12软件,在社会实在论知识观下的地理知识和地理课程的基础上,经由开放编码、主轴编码和核心编码,对6位高中地理教师的18节地理课堂教学视频进行了深入挖掘,探索他们教学的构成要素,借用了伯恩斯坦所创建的教学符码理论中的分类和架构概念,并进一步归纳出保障公平的地理课程得以有效传递的地理教学模式——显性地理教学模式。

任何一种教学实践,不管是传统保守的教学、儿童本位的教学还是批判性教学,在任何教学关系中都由三个规则构成内部的逻辑:一个是有关由传递者和习得者之间的角色界线和权力分配的层级规则,另一个是有关传递次序、节奏、快慢的顺序进程规则,再加上一个评价这两种规则所建立秩序的评鉴规则。显性教学模式具有明确的层级规则、顺序进程规则和评鉴规则,其中,传递者与习得者的角色明确划分,有着清楚的层级权力关系,年级、课表、进度表、课程内容、奖惩具体呈现明确的教学顺序进程,每个学习阶段的结束或开始宛如一个阶段结束或开始的转换仪式。在这种教学实践模式中,习得者清楚具体的评鉴规则,知道自己的角色行为和社会规则,也知道自己应有的学习表现和对自己的评价标准。

第二节 研究展望

一、研究局限

本书是在社会实在论视角的映照下,对为了公平的地理课程展开了探索,可谓"前方为理想的蓝图"。本书并非试图构建一种看似新鲜的地理课程架构,恰恰与此相反,文中所用的社会实在论,它只是一种"探索"的视角,是通向课程公平而用来审视地理课程的视角。

虽然社会实在论能够与课程公平建立起联系,但从诸多社会学家所秉持的"教育不能补偿社会"的观点来看,我们不能期望仅仅通过课程改革,或更广泛地通过教育改革来解决教育公平问题。因此,本书中所关涉的课程公平,也只能局限在相对意义上。

二、研究趋向

知识和经验的区分是维果斯基"最近发展区"概念的根基,是他寻找到的解决教师帮助学生发展在日常生活中无法获得的高阶概念这一教学难题的有效方法。维果斯基用理论概念与日常概念来表征知识分化。伯恩斯坦借鉴了涂尔干关于知识分化的理念,并进一步发展了神圣知识和世俗知识之间重要角色:边界。伯恩斯坦用水平话语和垂直话语来阐述涂尔干所提出的"神圣"和"世俗"这两个概念。伯恩斯坦提出的再语境化概念认为知识的产生和获得可以是独立的、超越其产生语境的，知识可以脱离特定语境而存在。

为了探究课程中的知识分化，就需要引入强有力的知识这一概念。强有力的知识提供了更为可靠的解释以及新的思维方式，获取强有力的知识可以为学习者提供参与政治、道德和其他讨论的语言。在现代社会，强有力的知识是越来越专门化的知识，从这个角度来看，学校教育应是提供获取不同知识领域的专门知识的途径。那么，基于对知识分化的关注，就可以进一步对下述问题开展研究：不同形式专门化知识间差异及联系是什么？专门化知识和人们在日常生活中所获取的知识有何区别和联系？如何教授专门化知识？

教育研究者越来越普遍地接受知识本身没有内在的意义或有效性的观点，这样教师所要面对的问题就仅仅局限于"这门课程对我的学生有意义吗？"而不是"这门课程给我的学生提供了什么意义？"或者"这门课程是否让学生超越他们自身的经验，从而能够探索基于现实世界的另外的可能性？"课程理论家没有关于知识的理论，而教师"对知识恐惧"以致将知识视为威胁，就形成了将学习者视为个体而非社会存在的过于心理化的路径。首先，这样的路径忽略了教学要素是教师角色中不可或缺的部分。父母将孩子送到学校是为了让他们掌握在家中无法获得的专业知识。其次，这样的路径没有认识到虽然知识可以被强加体验，但这不是知识本身的特征。通过适当的教学，建立起学习者和知识之间的关系，可以让学习者得以解放，从而获得新的想法并去思考那些尚未思考过的问题。

因此，课程理论不应以作为学习者的学生为出发点，而应以学生的知识获取权利为起始点。课程理论需要一套知识理论，来分析和批判现有课程，并探索课程可以采用的不同形式。那么，在对将知识权利作为目标的课程开展过研究之后，可以进一步对将知识权利作为目标的学校教育又是什么样子展开思考。

主要参考文献

中文参考文献

［1］ ［法］爱弥尔·涂尔干.宗教生活的基本形式［M］.渠东,汲喆,译.上海:上海人民出版社,1999.

［2］ 蔡运龙.当代科学和社会视角下的地理学［J］.自然杂志,2013(1):30-39.

［3］ 蔡运龙,等.地理学思想经典解读［M］.北京:商务印书馆,2023.

［4］ 蔡运龙,陈彦光,阙维民,等.地理学:科学地位与社会功能［M］.北京:科学出版社,2012.

［5］ 陈澄.地理表象、概念、原理及其层级关系［J］.地理教学,2000(4):8-11.

［6］ 陈尔寿.中国学校地理教育史略［M］.北京:人民教育出版社,2013.

［7］ 陈向明.扎根理论的思路和方法［J］.教育研究与实验,1999(4):58-63,73.

［8］ ［法］E.迪尔凯姆.社会学方法的准则［M］.狄玉明,译.北京:商务印书馆,1995.

［9］ 樊小军,殷杰.语境论视域下的社会本体论探析［J］.科学技术哲学研究,2018,35(2):52-57.

［10］ 傅伯杰.地理学:从知识、科学到决策［J］.地理学报,2017(11):1923-1932.

[11] 傅伯杰,冷疏影,宋长青.新时期地理学的特征与任务[J].地理科学,2015(8):939-945.

[12] 龚倩,段玉山,蒋连飞,等.英国地理课程中的"知识转向"[J].全球教育展望,2018(7):57-65.

[13] 郭元祥.对教育公平问题的理论思考[J].教育研究,2000(3):21-24,47.

[14] [英]萨拉·L.霍洛韦,斯蒂芬·P.赖斯,吉尔·瓦伦丁.当代地理学要义——概念、思维与方法[M].黄润华,孙颖,译.北京:商务印书馆,2008.

[15] [美]凯西·卡麦兹.建构扎根理论:质性研究实践指南[M].边国英,译.重庆:重庆大学出版社,2009.

[16] 李家清,户清丽.西方地理课程知识范式演进审思[J].教育科学研究,2012(5):63-67.

[17] 刘丽群.论课程公平——一种社会学的视野[J].湖南师范大学教育科学学报,2006(2):17-20.

[18] 刘小枫.舍勒选集(下)[M].上海:三联书店,1999.

[19] 麦克·扬,张建珍,许甜.从"有权者的知识"到"强有力的知识"——麦克·扬与张建珍、许甜关于课程知识观转型的对话[J].华东师范大学学报(教育科学版),2017(2):99-105.

[20] 石艳,张新亮.知识社会性的反思与重构——社会实在论知识观的教育意义[J].教育研究,2019(3):68-79.

[21] 田正平,李江源.教育公平新论[J].清华大学教育研究,2002(1):39-48.

[22] 王勇鹏.论课程资源的公平分配[J].湖南师范大学教育科学学报,2011(3):43-45.

[23] [英]威廉姆·奥斯维特.新社会科学哲学:实在论、解释学和批判

理论[M].殷杰、张冀峰,蒋鹏慧,译.北京:科学出版社,2018.

[24] 文雯,许甜,谢维和.把教育带回来——麦克·扬对社会建构主义的超越与启示[J].教育研究,2016(3):155-159.

[25] 吴康宁,程晓樵,吴永军,等.教学的社会学模式初探[J].教育研究,1995(7):31-36,42.

[26] 熊和平.区域内义务教育课程公平的学校文化视角[J].教育研究,2011(5):66-68.

[27] 杨燕燕.英国课程社会学的社会现实主义转向[J].外国教育研究,2010(8):48-52.

[28] 殷玉新,郝亚迪.论课程公平及实现路径[J].教育导刊,2016(6):32-36.

[29] 张建珍,许甜,大卫·兰伯特.论麦克·扬的"强有力的知识"[J].清华大学教育研究,2015(6):53-60.

[30] 张人杰.国外教育社会学基本文选[M].上海:华东师范大学出版社,2008.

[31] 张新亮,石艳.麦克·扬的社会实在论思想初探[J].外国教育研究,2018(12):33-43.

英文参考文献

[1] Alexander J C. Fin de Siècle Social Theory: Relativism, Reduction, and the Problem of Reason [M]. London: Verso, 1995.

[2] Apple M W. Ideology and Curriculum [M]. London: Routledge Falmer, 2004.

[3] Barr R, Dreeben R. How Schools Work [M]. Chicago: University of Chicago Press, 1983.

[4] Barratt B, Rata E. Knowledge and the Future of the Curriculum: International Studies in Social Pealism [M]. New York: Palgrave

Macmillan, 2014.

[5] Barrett B, Hoadley U, Morgan J. Knowledge, Curriculum and Equity: Social Realist Perspectives [M]. London: Routledge, 2018.

[6] Beck J. Powerful Knowledge, Esoteric Knowledge, Curriculum Knowledge [J]. Cambridge Journal of Education, 2013, 43(2): 177-193.

[7] Bernstein B. Pedagogy, Symbolic Control and Identity: Theory, Research, Critique [M]. Oxford: Rowman & Littlefield, 2000.

[8] Bernstein B. Class, Codes and Control, Volume I - Theoretical Studies towards a Sociology of Language [M]. London: Routledge and Kegan Paul, 1971.

[9] Bernstein B. Class, Codes and Control, Volume III - Towards a Theory of Educational Transmissions [M]. London: Routledge and Kegan Paul, 1975.

[10] Bernstein B. Codes, Modalities and the Process of Cultural Reproduction: A Model [J]. Language in Society, 1981, 10(3): 327-363.

[11] Bernstein B. Vertical and Horizontal Discourse: An Essay [J]. British Journal of Sociology of Education, 1999, 20(2): 157-173.

[12] Bobbitt J F. The Curriculum [M]. New York: Houghton Mifflin, 1918.

[13] Bourdieu P, Passeron J C. Reproduction in Education, Society and Culture [M]. London: Sage Publications in Association with Theory, Culture and Society, 1990.

[14] Catling S, Martin F. Contesting Powerful Knowledge: The Primary Geography Curriculum as an Articulation between Academic and Children's (ethno-) Geographies [J]. The Curriculum Journal, 2011, 22(3): 317-335.

[15] Christie F, Martin J R. Language, Knowledge and Pedagogy: Functional Linguistic and Sociological Perspectives [M]. London: Continuum, 2007.

[16] Clifford N J, Holloway S L, Rice S P, et al. Key Concepts in Geography [M]. London: SAGE Publications Ltd, 2008:1-480.

[17] Committee R G, Resources B O E S, Commission On Geosciences E A R, et al. Rediscovering Geography: New Relevance for Science and Society [M]. Washington, D. C.: National Academy Press, 1997.

[18] Connell R. Just Education [J]. Journal of Education Policy, 2012, 27(5): 681-683.

[19] Connelly F M, He M F, Phillion J. The SAGE Handbook of Curriculum and Instruction [M]. Thousand Oaks: Sage Publications, 2007.

[20] Corbin J M, Strauss A. Grounded Theory Research: Procedures, Canons, and Evaluative Criteria [J]. Qualitative Sociology, 1990, 13(1): 3-21.

[21] Demaine J. Contemporary Theories in the Sociology of Education [M]. London: Macmillan, 1981.

[22] Durkheim É. Education and Sociology [M]. New York: The Free Press, 1956.

[23] Durkheim É. The Division of Labor in Society [M]. New York: The Free Press, 1997.

[24] Durkheim É. The Elementary Forms of Religious Life [M]. London: Allen & Unwin, 1926.

[25] Durkheim É. The Rules of Sociological Method [M]. Chicago: University of Chicago Press, 1938.

[26] Fitz J, Davies B, Evans J. Education Policy and Social

Reproduction: Class Inscription and Symbolic Control [M]. London: Routledge, 2005.

[27] Foucault M. Discipline and Punish [M]. London: Penguin Books, 1991.

[28] Glaser B G, Strauss A L. The Discovery of Grounded Theory: Strategies for Qualitative Research [M]. Mill Valley: Sociology Press, 1967.

[29] Golledge R G. The Nature of Geographic Knowledge [J]. Annals of the Association of American Geographers, 2002, 92(1): 1-14.

[30] Goodson I F. School Subjects and Curriculum Change [M]. London: Routledge, 2013.

[31] Gorbutt D. Education as the Control of Knowledge: The New Sociology of Education [J]. Education for Teaching, 1972, 89: 3-12.

[32] Joyce B R, Weil M. Models of Teaching [M]. London: Prentice Hall, 1986.

[33] Karpov Y V, Haywood H C. Two Ways to Elaborate Vygotsky's Concept of Mediation [J]. American Psychologist, 1998, 53(1): 27-36.

[34] Lambert D, Jones M. Debates in Geography Education [M]. London: Routledge, 2013.

[35] Lambert D. Reviewing the Case for Geography, and the "Knowledge Turn" in the English National Curriculum [J]. Curriculum Journal, 2011, 22(2): 243-264.

[36] Lawton D. Education, Culture and the National Curriculum [M]. London: Hodder and Stoughton, 1989.

[37] Maton K, Moore R. Social Realism, Knowledge and the Sociology of Education: Coalitions of the Mind [M]. London: Continuum, 2010.

[38] Maude A. Geography and Powerful Knowledge: A Contribution to the Debate [J]. International Research in Geographical and Environmental Education, 2018, 27(2): 179-190.

[39] Maude A. What Might Powerful Geographical Knowledge Look Like? [J]. Geography, 2016, 101(2): 70.

[40] McLaren P. Life in Schools: An Introduction to Critical Pedagogy in the Foundations of Education [M]. London: Routledge, 2015.

[41] Merton R K, Rossi A S. Social Theory and Social Structure [M]. New York: The Free Press, 1968.

[42] Michael F D, Lambert D, Roberts C. Knowledge and the Future School: Curriculum and Social Justice [M]. London: Bloomsbury, 2014.

[43] Moore R. Back to the Future: The Problem of Change and the Possibilities of Advance in the Sociology of Education [J]. British Journal of Sociology of Education, 1996, 17(2): 145-161.

[44] Moore R. For Knowledge: Tradition, Progressivism and Progress in Education-Reconstructing the Curriculum Debate [J]. Cambridge Journal of Education, 2000, 30(1): 17-36.

[45] Moore R. Going Critical: The Problem of Problematizing Knowledge in Education Studies [J]. Critical Studies in Education, 2007, 48(1): 25-41.

[46] Moore R. Social Realism and the Problem of the Problem of Knowledge in the Sociology of Education [J]. British Journal of Sociology of Education, 2013, 34(3): 333-353.

[47] Moore R, Muller J. The Discourse of "Voice" and the Problem of Knowledge and Identity in the Sociology of Education [J]. British Journal of Sociology of Education, 1999, 20(2): 189-206.

[48] Moore R, Young M. Knowledge and the Curriculum in the Sociology of Education: Towards a Reconceptualisation [J]. British Journal of Sociology of Education, 2001, 22(4): 445-461.

[49] Morais A M, Neves I P. The Quest for High-level Knowledge in Schools: Revisiting the Concepts of Classification and Framing [J]. British Journal of Sociology of Education, 2018, 39(3): 261-282.

[50] Muller J. Every Picture Tells a Story: Epistemological Access and Knowledge [J]. Education as Change, 2014, 18(2): 255-269.

[51] Muller J. Reclaiming Knowledge: Social Theory, Curriculum and Education Policy [M]. London: Routledge Falmer, 2000.

[52] Muller J, Young M. Knowledge, Power and Powerful Knowledge Re-visited [J]. The Curriculum Journal, 2019, 30(2): 196-214.

[53] Pinar W F. What is Curriculum Theory? [M]. London: Lawrence Erlbaum Associates, 2004.

[54] Pinar W F, Reynolds W M, Slattery P, et al. Understanding Curriculum: An Introduction to the Study of Historical and Contemporary Curriculum Discourses [M]. New York: Peter Lang, 1995.

[55] Roberts M. Powerful Knowledge and Geographical Education [J]. The Curriculum Journal, 2014, 25(2): 187-209.

[56] Sibeon R. Rethinking Social Theory [M]. London: SAGE Publications Ltd, 2004.

[57] Strauss A L, Corbin J M. Basics of Qualitative Research: Grounded Theory Procedures and Techniques [M]. Thousand Oaks: Sage, 1998.

[58] Vygotsky L S. Thought and Language [M]. Cambridge, MA: MIT Press, 1962.

[59] Wheelahan L. Why Knowledge Matters in Curriculum: A Social Realist Argument [M]. London: Routledge, 2010.

[60] Yates L. From Curriculum to Pedagogy and Back Again: Knowledge, the Person and the Changing World [J]. Pedagogy, Culture & Society, 2009, 17(1): 17-28.

[61] Young M. Knowledge, Learning and the Curriculum of the Future [J]. British Educational Research Journal, 1999, 25(4): 463-477.

[62] Young M. Overcoming the Crisis in Curriculum Theory: a Knowledge-based Approach [J]. Journal of Curriculum Studies, 2013, 45(2): 101-118.

[63] Young M. Powerful Knowledge: An Analytically Useful Concept or Just a "Sexy Sounding Term"? A Response to John Beck's "Powerful Knowledge, Esoteric Knowledge, Curriculum Knowledge" [J]. Cambridge Journal of Education, 2013, 43(2): 195-198.

[64] Young M. The Future of Education in a Knowledge Society: The Radical Case for a Subject-based Curriculum [J]. Journal of the Pacific Circle Consortium for Education, 2008, 22(1): 21-32.

[65] Young M. What is a Curriculum and What Can It Do? [J]. Curriculum Journal, 2014, 25(1): 7-13.

[66] Young M F D. Knowledge and Control: New Directions for the Sociology of Education [M]. London: Collier Macmillan, 1971.

[67] Young M F D. Bringing Knowledge Back in: From Social Constructivism to Social Realism in the Sociology of Education [M]. London: Routledge, 2008.

[68] Young M F D. Rescuing the Sociology of Educational Knowledge from the Extremes of Voice Discourse: Towards a New Theoretical Basis for

the Sociology of the Curriculum [J]. British Journal of Sociology of Education, 2000, 21(4): 523 – 536.

[69] Young M F D. The Curriculum of the Future: From the "New Sociology of Education" to a Critical Theory of Learning [M]. London: Falmer Press, 1998.

[70] Young M, Muller J. Curriculum and the Specialization of Knowledge Studies in the Sociology of Education [M]. London: Routledge, 2016.

[71] Young M, Muller J. On the Powers of Powerful Knowledge [J]. Review of Education, 2013, 1(3): 229 – 250.

[72] Young M, Muller J. Three Educational Scenarios for the Future: Lessons from the Sociology of Knowledge [J]. European Journal of Education, 2010, 45(1): 11 – 27.

[73] Young M, Muller J. Truth and Truthfulness in the Sociology of Educational Knowledge [J]. Theory and Research in Education, 2007, 5 (2): 173 – 201.

[74] Young M, Whitty G. Society, State and Schooling: Readings on the Possibilities for Radical Education [M]. Ringmer: Falmer Press, 1977.

附　录

　　附录是分别从 6 位高中地理教师的 3 节课堂教学视频中选取的 1 节,以转录的文字形式呈现①,并按照教师姓氏首字母拼音的先后顺序排列。

C 老师

师:好,开始上课,首先,让我们来理一下思路。上学期我们主要学习了必修一,必修一主要告诉我们人类生存的自然地理环境是怎样的;另外,我们当时还探讨了自然地理要素,如地质地形、气候、水文、生物和土壤。然后,我们分析了自然地理环境对人类会产生什么样的影响。我们讲解了地形对聚落分布的影响,地形对交通线路的影响以及自然资源、自然灾害对人类活动的影响。

师:如果说必修一告诉我们人类生存的自然环境是怎样的,那么必修二则告诉我们人类对社会经济环境或者人文地理环境的需求。所以我们一开始先学习了人口、城市以及产业活动。在学习产业活动时,我们侧重讲解工业、农业和交通运输业。接着我们探讨人地之间的可持续发展、人地的协调发展。学完必修一、必修二的内容,我们就基本上学完了地理的基本概念和原理。

师:这些都是理论,接下来就要把理论应用到实践当中,运用到区域地理的学

---

① 为满足研究需要,文字实录保留口语化内容,尽量保留课堂师生叙述原貌,只对错别字及明显的语序错误进行修改。

习中。那么,区域地理是什么?我们拎出一块区域来,我们把之前所学习的基本的原理和概念运用到这个区域当中,分析区域出现的地理现象和问题,这就是区域地理。我们先从区域地理的第一节和第二节的简单内容开始讲。

师:首先,我们来了解一下区域。区域是指一定的地域空间。如果说现在要找出一块区域,是不是首先要有一个界线,才可以划分出一个具体的区域,对不对?但是,对于区域而言,界线有时候是明确的,有时候则是不明确的。那么,什么时候是明确的呢?一般来说,人为划分的行政管理区域,就有明确的界线。

师:有时候区域间的界线是不明确的。举个例子,秦岭—淮河一线是南方和北方的分界线,是亚热带季风气候和温带季风气候的分界线。那么有没有可能,从这边到那边,就突然从亚热带常绿阔叶林变成温带落叶阔叶林,突然从月均温零摄氏度以上变成零摄氏度以下了?以此为分界线,要素变化会不会那么明显?答案是不会。所以这种以气温、降水、植被等要素形成的分界线应该是过渡性的。这个时候界线就没有那么明确了。界线不管是明确的,还是说稍微有点模糊,反正这个界线是存在的,毕竟只有存在界线才会存在区域。

师:这是区域的第一个特征。区域的第二个特征也比较容易理解,即区域内部是相似或者连续的。比如,我们讲这里是热带雨林带,那里是热带草原带,同属热带雨林带的景观,它们是比较类似的。但是,我们从赤道附近至10°以内,跨越到10°到20°,到了热带草原带,这个时候一旦从热带雨林带跨越到热带草原带,两者的景观就会产生差异。这块(内容)非常重要。

师:第三个特征是区域具有一定优势、特色和功能。这个内容也简单,书上都讲过,我就不讲了。第四个特征是它们可以相互影响,因为必修一讲到自然地理环境具有整体性,这个整体性意味着什么?一个要素的改变会影响其他要素改变,一个区域的改变会影响其他区域的改变。如果一个区域改变了,就会影响另外一个区域,这是它们之间的一个联系。接下来还有两个概念需要了解,第一个概念在书本第 4 页,这个概念其实是比较深奥的,叫区域的空间结构。那么,什么叫区域的空间结构呢?书本中给了一个定义。

师:区域的空间结构是指区域中各种要素的一个相对位置关系。接下来,我们稍微了解一下区域的空间结构,这有利于下面内容的学习。什么叫区域的空间结构?就是区域中有各种东西,可能是人口,可能是城市,可能是商业网点,也可能是各种产业活动。这些事物或者现象在空间上会有一定的分布形式:有些可能呈点状,有些可能呈线状,有些可能呈面状。

师:什么事物会呈现点状?人口、城市商业网点、工业网点在空间上会呈现点状。

师:什么事物会呈现线状?答案是交通运输线。点和线比较多的时候,它就可能出现一种网络。

师:什么事物会呈现面状?答案是农业用地、农业地域。这些点状、线状、面状的事物,在空间中分布的情况,就是它的空间结构。

师:下面我们会进行一个小活动。观察第 1 幅图到第 3 幅图的变化过程,我们来分析交通运输和城市发展在这个区域中会出现什么变化。

师:交通运输的变化是不是就是这个区域中"线"的一个变化?我们看到早期这个区域的交通运输是怎么样的?

生:和后两幅图比起来,第 1 幅图(的线)比较稀疏,且交通运输方式比较单一。再看第 2 幅图,它稍微变得比较密集了。

师:线从单一的状态开始变得密集起来,到了第 3 幅图的时候,突然变得密密麻麻的,有点像什么状?

生:像网状。

师:这是交通线路的一个变化,从当初比较单一的线,比较稀疏的分布,后来慢慢变得密集,最后呈现网状。

师：现在，我们看城市发展。城市发展主要呈现一个面状的变化。观察第 1 幅图，城市地域和农村地域、乡村地域比起来，哪个地域面积大？答案是城市地域面积大。乡村地域后来随着社会的发展，逐渐发展成城市。所以，城市用地在不断地扩大，郊区用地则在不断地缩小，这就是区域的空间结构。

师：第二个概念是区域的产业结构。书本的第 6 页讲到区域的产业结构，尤其是区域中三种产业的差异。那么，我们要再次明确一下三种产业的概念。第一产业直接与自然界挂钩，主要是农业、林业、渔业、畜牧业和采集业等。第二产业是加工自然的产品，比如建筑业、制造业等。如果说第一产业和第二产业是有形的，是有形财富的生产部门，那么第三产业就是在有形的产业部门基础上衍生出来的，比如科技、信息、教育、商贸、金融、旅游等产业。我们接着看书本第 7 页所讲的，在一个区域发展的早期，如果产业是以农业为主体，那么第一产业比重更大，随着社会时代的发展，第二、第三产业的比重会逐渐提高。

师：书本举了一个小小的例子，举的是什么例子？书本讲工业国家，它的三种产业的比例不断地在发生着变化。

师：它早期的时候，哪项产业占比高？

生：第一产业。

师：你有没有一个疑问，它在早期的时候为什么是"一、三、二"，而不是"一、二、三"？

生：技术比较落后，所以在早期，工业基本上没有。

师：第三产业有没有？

生：有。

师：我们觉得第三产业比第二产业高端，实际上，第三产业是分层次的，有些是低端的第三产业，有些则是高端的。比如古时候，中国有没有成形的工业？我们学过一句古诗词，叫作"商女不知亡国恨，隔江犹唱后庭花"。你说商女唱歌的地方,是不是古代的酒吧?这是不是第三产业?所以,区域发展的早期,第二产业极有可能是没有的,因为它没有起步,没有一个大规模且成熟的工业体系。但是,第三产业的一些低端的餐饮业是有的。

师:随着时代的发展,工业是不是开始出现、成形、快速发展?这时候工业隶属的第二产业是不是提高比重了?所以从"一、三、二"变成什么?

生:"一、二、三"。

师:那么工业进一步发展,它的比重进一步提高了,就变成了什么?

生:"二、一、三"。

师:这个时候城市化水平越来越高,人口越来越密集,服务业逐渐发展。所以,服务业最后会出现怎样的比例情况?

生:"三、二、一"。

师:因此,在城市发展比较成熟的阶段,第二、第三产业占的比重很大,尤其是第三产业可能会超过第二产业。这就是区域的产业结构。

师:我们把第一节快速地学完了。下面主要来学习第二节的内容。

师:对于这块内容,我们主要围绕一个区域,通过几则材料去分析区域发展的阶段。我们以美国东北部的发展为例。

师:东北工业区是美国最先发展起来的,相对来说比较成熟有序,为什么它是最先发展的呢?

生:因为首都在这里。

师:这是关键因素吗?关键因素跟什么有关系?答案是跟历史、跟殖民……所以,东北部发展得很快。

师:下面我们要通过四则材料来去分析区域的发展阶段,它依次经历了怎样的阶段?请大家快速看投影上给出的这些材料以及图示,你可以利用你手头有的任何图册和素材,先自己看图册、素材,进行思考。

师:我叫一位同学回答我的问题。你在地图上找到匹兹堡了吗?

生:找到了。

师：现在你能否说一说它的地理特点？

生：它首先很靠近那个……就是旁边河流众多。

师：河流众多？

生：挺多的。它靠近纽约和费城两个港口城市，它旁边有很多大煤田。

师：她说了很多短句，它旁边有很多河流，它靠近某某港口，它旁边有很多大煤田。这是一种描述，就是它怎么样、旁边有什么。特点应该是一个概述。它有很多河流，它有很多港口，它交通便利，这些是概括性的短语。它资源丰富、水源充足、交通便利、资源便宜，还有吗？

生：不知道。

师：别急，那你还是没告诉大家匹兹堡在哪里？

生：匹兹堡在……在宾夕法尼亚的西边。

师：再说一遍，在美国的哪里？

生：在宾夕法尼亚州的西南部。

生：它在美国的东北部。

生：它……它在华盛顿的北方。

生：西经……西经78°左右。

师：西经78°左右。然后在北纬多少度？

生：北纬42°。

师：大家现在知道匹兹堡在哪里了吗？

生：不知道。

师：描述一个地方在哪里，要有一个相对位置和一个绝对位置。绝对位置主要指的是经纬度位置，相对位置主要指的是海陆的分布、与重要地理事物的相对位置。这是第一个问题。

师：第二个问题是，匹兹堡一直以来就有大油田，为什么到19世纪中叶之后它才发展起来？原因是什么？

生：19世纪以后，工业才发展起来。

师：之前工业发展速度很慢,那时候的人会不会去开采石油?

生：不会。

师：在这一过程当中,还有一个非常重要的……

生：工业革命。

师：工业革命发生在什么时候?除了工业的发展外,还有什么因素?

生：运河的开通和治理。

师：运河和铁路的修建,对工业的发展非常有用。这是第二个问题。

师：第三个问题是,这里发展钢铁工业的过程中,人们的生产和生活发生了怎样的变化?

生：从第一产业和第三产业,向第二产业发生了转移。

师：你是怎么得出这个结果的?

生：毛皮贸易场所,首先肯定得有毛。

师：很有道理。

生：贸易的话,对外出口就是第三产业。

师：首先要有毛,打猎是第几产业?第一产业。然后还有贸易,简单的第三产业,后来变成第二产业。答对了一半。刚才所描述的过程,主要侧重哪个方面?

生：生产方面。劳动力从第一产业,向第二、第三产业转移。

师：那么生活方面呢?

生：生活质量提高。

师：生活质量提高,生活方式也是会改变的。好,请坐。因为当初人们主要从事第一产业,现在则变成了工人或者从事服务业,劳动力向第二、第三产业转移。生活方式,主要由原本的农村、乡村生活变成城市生活。

师：接下来,我们就根据书本上的材料,先分析以传统农业为主体的发展阶段的特征。我们来看一下,在以传统农业为主体的发展阶段,经济发展水平是怎样的?

生：经济发展水平低，人均 GDP 低。

师：这个时候，产业结构以第几产业为主？

生：以第一产业为主。

师：工业有没有？

生：有，但是规模比较小。

师：这个时候工业刚起步，以什么类型的工业为主？

生：采煤和采石油。

师：以资源型的工业和劳动密集型的加工制造业这类层次偏低的工业为主。

师：接下来，我们来看它的空间结构。我们关注一下点、线、面。首先注意一下点，点主要指的是一些大的城市，这个区域中有没有一个非常繁荣的大型中心城市？

生：没有。

师：交通线路怎么样呢？

生：交通线路比较稀疏、单一。

师：所以我们得知，这个地方的点或者线是比较稀疏的。那么在这个发展阶段，区域开放程度如何？

生：低。

师：在这个发展阶段，我们发现整个区域呈低水平的平衡状态。

师：接下来，我们看第二个阶段。随着社会和时代的发展，匹兹堡等中心城市逐步扩展，慢慢地，它发生了一些变化。请大家自己来收集信息，看材料，然后思考这两个问题。请大家在地图上找出芝加哥、底特律、克利夫兰，分析它们的区位特点，并分析跟当初相比，它们在产业结构和空间结构方面发生了怎样的变化？

生：它们的交通便利。

师：什么交通便利？

生：陆上交通便利。

师：还有吗？

生：这里还有湖，因此水陆交通便利。

师：还有什么？

生：它们都在美国的东北部，经济比较发达，人口密集。

生：气候适宜。

师：为什么说气候适宜？

生：属于温带大陆性气候。

师：继续。

生：水源充足。

生：附近有……附近资源丰富。

师：说得具体点。

生：附近有煤炭、矿田。

师：煤、铁资源丰富，继续。

生：说得差不多了。

师：好，请坐。同桌有没有补充？

生：地形平坦。

师：你从哪里得知地形平坦？

生：看起来地形平坦。

师：至少你可以从图示上，看出这里海拔比较低、地形平坦。

生：对。

师：讲了地形、气候、水源、交通、矿产资源，差不多了。随着社会和时代的发展，跟早期相比，它们的产业结构和空间结构方面发生了很多变化。

师：这个阶段叫作工业化阶段。工业化阶段跟之前的以传统农业为主的发展阶段比起来，经济发展水平是不是提高了？

生：是的。

师：产业结构呢？

生：原本是以第一产业为主，第二产业刚起步。

师：现在呢？

生：第二产业发展速度很快，第三产业也在加速发展。

师：这是不是意味着第二产业基本上已经超过第一产业了？这个时候空间结构如何呢？

生：中心城市集聚涌现了。

师：除了匹兹堡，是不是还有底特律、克利夫兰、芝加哥等大的城市？交通线路呢？

生：由当初比较单一稀疏，走向密集。

师：这个时候感觉非常棒，但是好景不长，它后来衰落了。为什么会衰落呢？我们发现这个地区的整个钢铁产量下降了很多。新兴的产业工业区，对它造成的冲击力是很大的。这个地区为什么会走向衰落？衰落的原因可能有哪些？

生：环境污染，资源枯竭，生产工艺、生产技术不行，设备不行。

师：这个地方原本的主导产业、支柱型产业是什么？

生：钢铁产业。

师：这样会面临一个什么大的问题？

生：产业结构单一。

师：这样衰落下去是不行的，我是不是要帮它们想办法解决问题？环境污染怎么办？治理环境。产业结构单一怎么办？调整产业结构。要发展什么产业？第三产业、高新技术产业。

师：通过采取种种措施，慢慢地，它迎来了第三个发展阶段，叫作高效益综合发展阶段。高效益综合发展阶段有一个非常明显的指标，是什么？第三产业的优势是不是一定要非常明显？这时候整个区域第二、第三产业占的比重都非常大，第三产业明显超过第二产业。我们认为它基本上达成了高效益综合发展阶段。那么在空间结构方面，点状、线状越来越多，会呈现网络状形态。如果城市群越来越多,则会形成一个小的城市的集群,出现一个岛状形态。当然,经济开放程度也越来越高。这就是第三个阶段。

师:目前,国家长三角区域属于哪一个发展阶段?没错,处在高效益综合发展阶段。当初是低水平均衡状态,到了工业化阶段,是不是人口和产业往一个地方集聚,是不是一个城市发展得特别快,其他地方可能发展得比较慢?这就是不平衡、不均衡的一个加速发展阶段。那么到了高效益综合发展阶段,是不是大家的水平都比较高?这个时候又会出现一个比较高水平的平衡状态。这三个阶段,就是我们这节课所要探讨的区域发展阶段。

D 老师

师:我们对区域的认识是从必修三开始的,那么首先要认识区域的哪些方面呢?

师:一是认识区域的主要特征,二是要认识区域的发展阶段和各个阶段的特征,三是要认识区域要素的组成及区域的差异。

师:区域的主要特征是哪些?请大家用3分钟的时间,快速地浏览必修三第二节有关区域的内容。

师:请你和你的同桌用简短的话说一说什么是区域。区域就是一个范围。那么区域有不同的大小,但是只要是一个区域,就有一个范围,而且只要是一个区域,也都有一个区域的主要特征。

师:说到区域,我们首先得了解是哪个区域,就要想这个区域在哪里,这个区域有多大,通过什么来认识这个区域的位置呢?

师:你能不能够描述一下B港的位置特征?我现在什么都没有教过,那我给你一幅图,请你说一说B港的位置在哪里。

师:很多同学讲得都正确,而且我特别高兴的是,听到有一位同学对位置特征的认识,甚至有了理性的了解,他和同桌先讲了绝对位置,然后讲了相对位置。

师:我们找一位同学来说一说。

生:亚欧大陆东岸,太平洋西岸。

师:这也是它的位置,也是正确的。还有补充吗?

生:舟山群岛内部,杭州湾湾口,长江三角洲地区,两个洋流的交汇地区,东海大陆架地区。

师:也是正确的。两个洋流的交汇处,这在图上给你标注出来了,当然是重要的位置信息。还有补充的吗?你看到的这个是什么位置啊?

生:海洋经济发展核心区。

师:海洋经济发展核心区,本来就是很重要的位置。

师:这么多的位置,我们要重点把握哪些呢?

师:一般来说,就绝对位置而言,我们常常并不会讲它的经度的位置,但是必须要提它的纬度的位置。低纬、中纬、还是高纬、30°、回归线、赤道、极圈,重要的纬度应该指出来。换句话说,我们要关注特殊的纬度。

师:我们还要关注什么?

生:气候。

师:最主要的是什么啊?

生:水热条件。

师:所以我们在描述纬度位置的时候,除了要注意特殊的纬度,还要描述它的热量带的位置。

师:除了纬度的绝对位置,有时候我们还要注意半球的位置,尤其在一个规模比较大的地区。说杭州在北半球、东半球,如果说北美洲,你就要指出(它在)西半球、北半球。

师:说了绝对位置,还要指出它的相对位置。

师:那么,在这么多的相对位置当中,我们首先要关注它的海陆的相对位置。

师：除了海陆位置，常常还要描述它的行政区的位置，比如浙江省的东部或者上海以南的区域。

师：另外，我们有时候还要描述它与特殊的地理事物的位置。

师：怎么描述甲国的位置呢？有没有绝对位置啊？

生：北半球、西半球。

生：北美洲的南部。

师：这是大洲的位置，是相对位置。

生：低纬度地区。

师：这是绝对位置。

生：东边是加勒比海，西边是太平洋，北面是洪都拉斯，南面是哥斯达黎加。

师：既有海陆位置，又有行政位置，那么它的位置就明确了。

师：我们在描述南亚的位置的时候，还有一个很重要的说法，南亚在哪儿？说它在喜马拉雅山以南，这属于绝对位置，还是相对位置啊？

生：相对位置。

师：我们有时候还要了解它的范围。范围的描述也有多种方式，我们可以用什么来描述范围？我们可以用行政区来描述范围。

师：比如，我们讲东亚，包括中国、日本、韩国、朝鲜和蒙古这五个国家。

师：我们还可以用什么方式（来描述）呢？我们也可以用海陆的组成来描述它的范围。

师：比如，东南亚的范围也可以从行政区的角度来讲，但是国家太多了。我们对东南亚的位置描述就是包括马来群岛和中南半岛这个范围，用海陆组成来表示。

师：有时候我们还可以用地形区来描述它的范围。

师：那么区域特征呢？我们书本上讲过，这个先简单了解一下。国界是明确的界线，但更多的界线是模糊的，南方、北方的界线，秦岭—淮河一线也是模糊的。

师:那么能够成为一个区域,一定是有区内的相似性的延续,所以说能够成为同一个区域,不是别的区域,一定有一些特色、优势和功能。每个区域都有各自的特征、最突出的特色。

师:区域之间也是有联系的,不同区域之间不停地进行着物质和能量的交换,这是特点。

师:为了增进对区域的认识,我们还要了解区域空间结构和产业结构。

师:所谓空间结构,就是区域内各要素的位置和它的空间分布的形式。地形是要素,气候是要素,水文是要素,植被是要素,土壤是要素,人口、城市、交通、运输与工业都是要素。

师:一般来说,农田是面状的地理事物。河流、交通是线状的地理事物。城市、村落主要是点状的。城市群,被称为岛状的。

师:和你同桌试着讨论一下,就交通、城市发展,谈一谈区域空间结构的变化。

生:从交通的角度来说,第一阶段,只存在水运;到了第二阶段,出现了铁路;第三阶段,出现了铁路、公路,还有飞机场。交通方式越来越多样化,交通运输更便利,有助于城市化。

师:描述完了,还要概括结论。

生:交通运输的方式增多了,交通更便捷了。

师:其实还有一点,交通线的密度也变化了,更密集了。城市化的水平也由低到高。

师:除了认识空间结构,我们还要认识区域的产业结构。

师:请大家翻到课本的第6页。产业结构就是第一、第二、第三产业的组成以及产业内部的组成关系,或者叫组织关系。

师:产业分为三大产业。请大家翻到课本的第6页。第一产业指农业,第二产业指工业和建筑业。除此之外,比如医疗、旅游、教育、金融,都属于第三产业。

师:现在,我给大家看一则资料,看看改革开放以来,该市的经济结构发生了哪些变化。

生：改革开放以来，该市第一产业的比重在下降，第二产业的比重在波动上升。

师：第三产业发生了什么变化呢？我问你一个问题，该市农业的产值，是增加还是降低了？

生：降低。

师：好，请坐。这是大家很容易犯的一个错误。下降的是什么？下降的是比例啊。我刚才问的是什么？刚才我问的是产值。该市的产值从没有上升到多少？上升到一千四百亿元。那农业占的比重再少，乘以一千四百亿，那总的数量一定是怎么样的啊？

生：变大了。

师：随着经济发展，农业产值、工业产值、第三产业产值全部会增加。

师：还有一点，可能很多同学就没有意识到了。哪一点呢？看看1979年，以农业为主，你想一想，这是一个什么样的状况？到了现在，以工业为主。这说明产业的整体结构也发生着改变。

师：产业结构的演化，在历史上是分为不同的阶段的。

师：最早，我们老祖宗主要从事哪个产业？以第一产业为主。然后除了从事第一产业的这些采集、狩猎的劳动力以外，那些干不动活的，在家缝缝补补的，是为采集、狩猎的人服务的，他们从事的是第三产业。他们不怎么需要工具，偶尔会用到石器，所以说第二产业基本是没有的。

师：但是随着农业的发展，第一产业发展到一定阶段，就需要大量的劳动力，手工业由此发展起来，所以就呈现"一、二、三"的产业结构。

师：那么到了第三个阶段，也就是工业革命之后，工业发展了，很快它的产值超过了第一产业，变成了"二、一、三"的产业结构类型。

师：到了最后一个阶段，在经济特别发达的地区，工业生产比重大幅度下降，它表现为"三、二、一"的结构。

师：第二产业刚刚超过第一产业，它会出现一些什么样的工业呢？它会出现劳动力密集型、资源密集型工业。这个时候，整个区域都是相对比较落后的,这个时候都称作是以传统农业为主体的一个发展阶段。那么到了第三个阶段,以第三产业为主,这个阶段叫作什么呢?这个阶段叫作高效益综合发展阶段。

G 老师

师:我们抓紧时间,把卷子都找出来。第 28 题的考点是比较基础的。首先我们看这个题目,这个材料一定要仔细地研读一遍。首先这个地点是新西兰。新西兰主要由两个大岛组成,一个是南岛,一个是北岛。这个要在图中仔细地看一下。那么第二个材料主要是为哪一题服务的?就是为第 4 小题服务的。所以前面 3 个小题看得仔细点,主要需对应第一个材料。

师:好,那么先来看一下。和北岛相比,南岛的限制有哪些?首先想到的应该是气候。南岛的气候条件相对要差一些:纬度高,热量差。这是第一个条件第二点,因为它总体属于什么气候类型?无论是北岛还是南岛,总体属于什么气候类型?你来说说看,新西兰总体是什么气候类型?

生:温带海洋性气候。

师:降水怎么样?

生:比较均匀。

师:相对光照条件怎么样?

生:差一些。

师:但是,现在要注意的就是新西兰情况比较特殊,像北岛,我们定位成温带海洋性气候,但是它具有哪一个气候的一些特征?地中海气候。这就说明它的光照、热量条件比南岛要好很多。听懂没有?所以我们做这个题目的时候一定要很仔细。这是第二个条件。

师:第三个条件,从地形图中应该可以看得出来。南岛相对地形条件要差一些。这三个条件要一个一个落实下去,看一下有没有落实到位,这是第

183

一题。

师:第2小题,重点开发清洁能源的主要条件。来,说一下,应该怎么样去阐述这个条件,从哪些角度来阐述?总体来说是有利条件还是不利条件?

生:有利条件。

师:请坐。肯定有同学从两个角度回答,但是你要侧重"有利",因为它说要重点发展这一类能源。

师:好,这是第一点。第二点是清洁能源的界定,有哪些清洁能源?水能、风能、地热能、生物能。有同学写了潮汐能,是吧?从理论上来讲是可以的,但是你要结合生产生活,目前来讲,潮汐能怎么样?有没有在大规模利用?没有。你实在想不出来,可以写上。听懂意思没有?好,第2小题,重点是能源。

师:第3小题属于基础题,我就不再问了,你仔细看一遍。

师:最后一题应该问题不大。

师:下面一题的材料可能读起来累一些,我们看一下。第29题的图2,因为它没有明确告诉我们是侵蚀为主还是沉积为主,所以你要自己做一个推断。就这个材料而言,你看一下它是以侵蚀为主,还是以沉积为主的?三峡大坝建成以后,它下游的河段是以侵蚀为主,为什么?

生:水流速度。

师:画幅简单的示意图,天然河道本来是这个样子的,对不对?是不是在这样流动?在三峡的这个位置建大坝,它是抬高水位的,可能在局部地区会怎么样?

生:增大落差。

师:但这只是一个预测,它并没有成为现实,对不对?大家看材料,它是预测未来80年,那么从这个事例来看的话,大坝抬高了水位,局部地区落差可能会增大,相应地,它对应的下游河段可能会有侵蚀,减弱还是增强?流速越快,侵蚀作用应该怎么样?

生：侵蚀作用应该是更强的。

师：再推理一下，好不好？前60年，它的侵蚀作用可能会怎么样？会强一些。那么，到了后面的20年，侵蚀又达到了一定的稳定阶段，沉积作用可能更明显些，大概意思能不能听懂？这题要求有点高，其他的题目，你们应该问题不大。

师：像第一道题，涉及了必修三的一个基本知识。看一下题目，有没有问题？劳动密集型高耗能高污染企业，这是第一个点。第二个点，注意是产业结构的影响。所以这个落点在产业结构上。但是关于这道题，有没有同学提出一点反对的意见？前面问题不大，高耗能这个，问题不大。高污染，有没有人提出反对意见？答案有没有一点不太科学？我建议不要写高污染，高耗能是可以写的。为什么？因为要注意长江中游和上游总体水能资源还是比较丰富的，所以发展高耗能产业问题不大，但是不要过于强调高污染的问题。

师：有同学问，江浙沪这一带，能不能把这种重型污染企业转移到中西部去，从可持续发展观念来看，这是不科学的。我们不能写转移污染，能不能听懂表述的是什么意思？这就是说高耗能企业转出的问题不大，但是必须在什么前提下转出？让其维持着很高的污染的形式转出去，还是说要把污染控制到合理的范围内再转出去？这是要控制的。听懂没有？我们不能说把沿海的高污染企业转移到内陆地区去，这种表述一般是错误的。大家有没有听懂我的意思？

师：还要提醒一下，大家做题，尽量要用书本中的原话。关于这个知识点，书本中是有原话的。劳动密集型和资源密集型产业转出，这个对我们长三角这一带而言，是可以的，听懂意思没有？然后重点要发展哪一类产业？我们要重点发展资金和技术密集型产业。好，那这个题目我们就过了。第二题属于基本题，我就不多讲了，大家自己看一下有没有问题。

师：第三题的推测，我已经说过了。前面的应该是因为落差增大，所以流速加快,侵蚀作用增强。那么后面因为它也相当于是达到了一个平衡状态,所以沉积作用又有一定增长。长江三峡水电站,它往下的主要的地形是什么?

生:平原地形。

师:因此它强调沉积作用增强是有道理的。大家听清楚没有?可能第三题做起来比较累一些,所以再检查,看看有没有问题。

师:第四题属于常规类型题,但是你要看仔细,它强调的是什么。第四题,涉及最高气温月。我们看一下,最高气温、平均气温要高一些,最低气温还要低一些,是吧?这强调的是夏季。夏季为什么温度特别高?一个是大气环境,副热带高压控制的时间,在武汉这一带,它是比较长的,对不对?成都就基本不太有。第二个跟地形有关,低温跟地形有关。大家注意一下,高温主要是受副热带高压(的影响)。有同学问下垫面这个因素要不要考虑,就下垫面因素而言,如果说湖泊面积大,就导致夏季怎么样?相对凉爽。好,就强调相对温度高,有没有听懂?

师:好,我们把第二套试卷拿出来,大家抓紧时间。第二套的选择题要比第一套的难一些。有问题我们就讲一下,没问题我们就过。

师:第1、第2题问题不大,过了。

师:第3题是个热点问题,选B,问题不大。雄安新区还是围绕白洋淀来进行开发建设的,所以选B啊。

师:第4题稍微难度大一些,这里应该选C。可能有同学会考虑海水淡化,是吧?这里要说一下,雄安新区位于内陆,它没办法实现。所以②你不能考虑,然后④开发深层地下水,这个地区已经过度开发了,它已经很难说用来缓解这里的水资源短缺。听懂意思没有?你就不可能再继续地挖掘它的深层地下水了。好了没有?所以这样应该是(选)①③⑤。

师:下面一题,第5题。这道题目选D,但是有点小瑕疵,注意一下地方性分异规律,它一定要强调什么?大尺度还是小尺度?这个材料没有体现出来。

那么,这个小尺度我们说清楚一点,主要就是同一自然带内的。比如浙江省属于什么自然带?

生:亚热带常绿阔叶林带。

师:亚热带常绿阔叶林带,是吧?请坐。但是我们现在所处的这个位置是下沙,下沙是不是沿海?但是你到了淳安新安江的千岛湖,它是不是属于丘陵山区?这个就叫什么规律?地方性分异规律。因为它整体都属于亚热带常绿阔叶林带。大概意思你们明白没有?

师:所以这个题目应该呈现一个海拔高差,否则很多同学可能会选垂直分异,是吧?就是在海拔高差比较小的范围内,就没有自然带的分异,那我们就不会归为地方性分异。第 6 题选 C 没问题,过了。

师:第 7、第 8 题问题不大吧?那我们过了。

师:第 9 题选 C。

师:第 10 题可能有同学错了,要算一下。怎么算?是不是价格减掉成本呢?这里面体现成本的是哪两个?生产成本已经告诉我们了,还有一个什么?运费,是不是?请坐。价格要减掉生产成本加运费,然后再来乘以单位面积产量,最后算出来蔬菜应该是最赚钱的。你只要算出蔬菜是最赚钱就可以了,听没听懂?土地价值越高,你补偿获得的股权越多。

师:第 11 题纯粹是记忆性质的,选 A,不讲了。第 12 题选 A,有没有问题?第 13 题选 C,盛行风的上风地带又在河流上游,所以肯定选 C。第 14 题,稍微耐心点,"提速"圈出来,估计又有同学选别的了。好,第 15 题。要强调一下,高铁有没有客运功能?高铁有没有货运功能?高铁主要承担的是客运功能,所以这题应该选 D。好了没有?

师:好,第 16 题要求高了一些。性别结构怎么样?失调,男性比重太高了。男性比重太高,这样的话,第 16 题是不是要选 D?再说一下,有同学问选项 C 是什么意思?养儿防老就是要养儿子,这是中国的传统,那么前面是不是提到有传统思想的影响,明白了吧?所以这道题肯定与选项 C 有关。

选项 A 说生育率低,要说中国的生育率低呢,至少在前面几十年,我们还是认为是政策因素的影响,就是计划生育。而在计划生育这个背景下,农村受传统思想的影响,就容易导致性别失衡,听懂没有?所以跟选项 A 是有关系的。那么这样,唯独跟选项 D 没有关系。好了吧?

师:第 17 题选 B。第 18 题,选 C 有问题吗?过了。第 19 题选 D,过了。

师:下一题就有点难度了,要结合背景知识。酒精实际上主要就是糖分或淀粉,对不对?糖分或淀粉最终通过工艺转化成酒精。听懂没有?那么在这样一个背景下,第 20 题没问题,做得对吧?第 21 题就选 D,理解吧?这个作用是和粮食区分的。好,第 22 题,选 B 有没有问题?

师:第 23 题选 C,这个就是季风气候,对吧?

师:好,第 24 题稍微注意一下。基本是同纬度,那就不能选 A。第二个,甲跟乙是不是基本上是在沿海,所以 D 就不能对吗?你注意一下。然后 B 洋流在这里是不是没有出现?出现的话,现在就都是季风洋流,两个性质是一样的。剩下是不是只有 C,因为 C 的北面是高原山地,阻挡冷空气进入。

师:第 25 题说明一下,有个背景大家不是很熟知。越南和印度的人均 GDP 怎么样?是比较低的。很难说哪个更好一些,听懂意思了吧?所以劳动力廉价与否就不好选,这是第一个。第二个要注意了,人口密度都比较高,听得懂吗?A 和 B 都不选。C 呢?越南、印度都属于沿海地区。你们做题目要耐心一点。D 比较符合常规思维。你想一想,比如我们杭州的一些传统产业,要转出去,是老远地转到新疆,还是就近转到安徽或者江西?肯定就近转安徽、江西,听懂意思了吗?所以选 D。

师:第 26 题,先核对一下。第一小题,问题不大。好,第二小题我要说一下,这里的社会经济条件是一个泛指,所以这里把哪一个已经划进去了?按照教材,这个是单列的,我们叫什么?技术经济条件。当然书上还有一句原话,是什么?农产品消费状况。这句原话你写上就是对的。如果以书本为准的话,种植技术应该归到技术经济因素,稍微注意一下。第三小题,写资金雄厚也可以。德国的基础设施更完善,写上也可以,对吧?因为它毕竟就是典型的发达国家,是吧?交通等基础设施可能更好一些,包括它的消费市场更广阔,是吧?第四小题,它强调的是地形,大家注意一下地形。你看一下,写得对不对。

师:第27题的第一题跟第二小题先过一遍,第三小题是命题出了问题,它叠加了1和2两个条件,就从气候和地形的角度来看。一般情况下,这两个条件叠加,那我们就填序列。因为它是西北干旱、半干旱地区的高原,对不对?西北干旱、半干旱地区就是(强调)气候,第二个条件地形,是高原,这两者叠加,应该是畜牧业,否则题目做不来。第四小题的问题不大,仔细看好。我到时候把答案也传到群里面,好不好?你自己稍微再核对一下。

师:第28题的第一小题做起来有点难度,我把这个信息告诉你,一定要看图2,图2有没有看到?有没有?第28题,谷底腐殖质怎么样?微生物分解以后是不是要产生气体的?首先把这个意思表达出来。好了没有?这是第一小题。第二小题就要从大气环境的角度来考虑。这是地中海气候,对不对?所以你要考虑副热带高压的影响,还要考虑西风带的因素。第三小题的问题不大。第四小题稍微注意一下,你画得稍微耐心一点点,就画一下。就第四小题,洛杉矶和西雅图同时日出,北半球就是昼长夜短。听懂没有?然后你画图我看,因为有同学是这样画的,有同学画的是日出正东的。日出正东,影子不是朝正西的吗?所以画错了,应该是日出怎么样?日出东北。这个图稍微要画得大一点。日出东北影子才可能在西南,对不对?因为这边昼长夜短,你要稍微注意一下。日出应该是东北,影子西南,那么正午在正北,你去画一下,好了吗?

师:好,下一题。第一小题要看仔细,我们发现它们的降水量是先减少后增加,再减少再增加,对不对?第二个看地形,它是东北、西南向平行的有两列山脉,所以要把它说清楚,你不能丢掉材料去做这题,你自己看一遍,好吧?这是第一题。

师：第二小题涉及造纸的工业材料，材料已经很明确地告诉我们，因为它是手工制作的纸，手工制作，工业化以后受到了冲击，对不对？所以说要注意一下。再一个，它的原料里面是不是用到了泉水，"泉水"圈出来，材料说水污染，答案里面都要有所体现。

师：第三小题是老题了，"互联网＋"对传统产业，事实上稍微多说一点，都没问题。你还可以写什么？是不是可以获取更多的市场信息，可不可以？如果用原来传统的销售模式，你不知道哪个消费者需要纸。比如淘宝，我没有买，但是我可以先用阿里旺旺工具来询问你，这个纸品质怎么样，对不对？至少可以知道有意向客户，对不对？所以这一点要注意一下。获取更多的市场信息，你写的是对的。

师：第四小题纯粹是看图说话，就是哪一个图啊？是不是图3？图3看到没有？第一是不是有编号，第二是不是有围栏，第三是不是水生植物，第四是不是有喷水装置？这个装置有没有让你想到这个水的来源增加？我们讲水体富营养化，大量的浮萍生长在水的表面，让水和空气之间的接触怎么样？接触机会是增加还是减少？减少，所以要看图说话。好不好？其他的我先暂时不讲。

H 老师

师：两分钟时间，我们将上节课学的有关欧洲西部的内容复习一下。按照惯例，我们是要提问的，对不对？今天就不问了，时间来不及，我们今天就直接来认识国家。

师：大家看一下学考的第一个要求，美国的地理位置、领土组成和首都。小绿本翻到第19页，地图册翻到第18页。美国的地理位置、领土组成和首都，是学考的A级要求，是最简单的识记。

师：来，我们来看一下美国的国旗，大家看一下美国国旗上面的星星和条纹表示什么意思？对,横条纹表示美国最初成立的13个州。那后来是不是有50个州？那是不是美国领土就是由这50个州组成的？好,本土48个州,然后再加上阿拉斯加州和夏威夷州。很好,还有华盛顿哥伦比亚特区。

师:记不记得上次做填空题,你们有人填美国的首都在哪里？纽约,是你们填的啊？美国的首都在华盛顿。小绿本上第19页有的,别弄错了啊。好,小绿本上没有的,我们补充一下。

师:嗯,往下,我们还是讲美国的地理位置,记得我们的模板吗？请个同学来讲一下啊。

生:啊……美国,位于北半球。

师:北半球,嗯。

生:东半球,嗯……不,西半球,然后……

师:北半球、西半球。

生:然后在……中纬地带。

师:嗯。

生:然后……在……温……北温带。

师:北温带,好的,还有呢？

生:在……然后……

师:想想纬度的概念。

生:在30°,北纬30°左右。

师:刚才你已经描述了半球位置,描述了纬度位置,还有什么没有描述？海陆位置。

生:那个……西部……嗯,西邻太平洋。

师:好的。

生:然后……还有……

师:还有没有？北边跟谁接壤啊？

生:啊……北边……北邻北冰洋……哦,加拿大。

师:英语老师要难过的,这个英文不认得,北边跟加拿大接壤。当然主要是在这里,主要领土是不是这里?南边呢?什么湾?

生:南边,墨西哥湾。

师:墨西哥湾,好,请坐。好,地理位置,小绿本上的第22页有相关内容,再稍微补充一下,第22页正文第二行。纬度基本上是在北回归线到北纬50°之间,然后关于经度数是不是给了大家两条很重要的经线,一条是西经90°,一条是西经……没反应吗?西经多少度?我们最开始在讲这个区域定位的时候,讲的是西经90°和西经几度?

生:120°。

师:还有一条西经60°,西经60°再往南,是不是南美洲的最东边,对吧?嗯,南美洲的最西边。小绿本上,基本上都有了啊。

师:下面我们来看一下美国的地形。关于地形特征,我给了大家这个分层设色图。我们之前讲的,怎样描述一个地方的地形?

生:西高东低。

师:西高东低。

生:地表起伏不大。

师:这个地方的主要地形是什么?

生:平原、山地。

师:以平原、山地为主。好的,平原是什么平原?

生:美国中央大平原。

师:西边,这是什么山系?

生:科迪勒拉山系。

师:这边有什么山脉?

生:阿巴拉契亚山脉。

师:阿巴拉契亚山脉,所以哪里高、哪里低?

生:两边高、中间低。

师:东西高、中间低,对吧？但是你发现了没有,这两边的山不一样,这边的山是不是高峻些,这边的山是不是低缓一点？我让你分析原因。好,再来,特殊的地形,这里我不讲,我就讲地势。

生:山脉、平原、山脉。

师:好,请坐。那我再让一位同学来分析,你们发现了什么问题？西部是高大的落基山脉,中部是广阔的中央大平原,我们说典型的农业地域类型是什么？

生:商品谷物农业。

师:商品谷物农业,好。东部是低缓的阿巴拉契亚山脉,所以,一个地方的地理位置、地形的描述,都要关注到,不要想到哪儿就答到哪儿,这样答题,答案肯定是不完整的。

师:下面我要请你思考一下,结合我给的分层设色图,图虽然很明显,但是你比较一下,西部的落基山脉和东部的阿巴拉契亚山脉有什么不同？是不是这两座山的高度相差很大？一个是高峻的,另一个是低缓的。那为什么呢？

生:内力和外力作用。

师:内力和外力共同作用,没错。对的,至少他知道,但凡讲到地形、地貌,要关注内力和外力作用。这个思维是对的,继续。

生:西部的内力作用比较强烈,东部的比较弱。然后关于外力作用,东部以流水侵蚀为主。

师:东部以流水侵蚀为主,那西边呢？

生:西边,风力。

师:那我再问你一个问题,就内力和外力作用对地表形态的影响,内力作用让地表变得高低不平,还是趋于平坦？好,是不是内力作用让地表变得高低不平,外力作用则让地表趋于平坦,所以你觉得这两个地方都是内力、外力共同作用,但是落基山脉(的形成)是以什么作用为主？

生:内力作用。

师:好,以内力作用为主,什么内力?请同学们回忆一下。

生:美洲板块。

师:美洲板块、太平洋板块碰撞挤压,是不是隆起抬升?但是,因为这个外力作用相对弱一点,所以山脉很高峻。但是就阿巴拉契亚山脉来说,是以内力作用为主,还是以外力作用为主?

生:外力作用。

师:以外力的侵蚀为主,外力作用让它变得低缓。好,请坐。

师:这里顺便复习一下关于板块的知识。内力作用使地表高低起伏,外力作用使地表趋于平坦。

师:好,大家刚才讲的板块与板块之间的碰撞是什么山的成因啊?

生:安第斯山脉。

师:对,这是安第斯山脉的成因。尤其是这里红字标注的部分,请大家特别注意。板块碰撞、抬升,抬升别忘了。外力作用要说清楚,外力的侵蚀。当然如果你判断是什么外力作用的话,也可以具体写是风力啊,流水啊,冰川啊,等等。

师:嗯,好了的同学可以阅读一下地图册第19页。地图册第19页提了几个地形单元,我们来看一下。地图册第19页或者小绿本第20页,都一样,差不多。下面我们就讲一下图册上提到的这几个,大家需要关注一下。

师:第一个,科罗拉多大峡谷,有没有找到?首先找到科罗拉多河,然后找到科罗拉多大峡谷。我问大家,峡谷的岩石的主要类型是什么?看这张图。

生:沉积岩。

师:很好,是不是?怎么判断的?其有层理构造,是红色的沉积岩。那么关于这个峡谷的形成过程,有没有同学能说一下,只有流水的侵蚀作用吗?

生:还有内力作用。

师:好,是不是先挤压抬升,然后再流水侵蚀。有人知道科罗拉多大峡谷为什么叫这个名字吗?它在西班牙语里的意思叫作红河。为什么?因为流水侵蚀之后,河里面的泥沙是红色的,因为这里多是红色的沉积岩,那也就说明这个河的泥沙含量比较高。

师:好,再往下,美国的五大湖。五大湖的成因是……这是学过的哦,学外力作用的时候举过例子哦,五大湖是……首先是风力、流水、冰川、海浪作用中的哪一种?

生:冰川(作用)。

师:那么请问它是冰蚀湖还是冰碛湖?

生:冰碛湖。

师:你有没有在笔记上写下来?五大湖是最典型的冰蚀湖,但很多时候冰蚀湖、冰碛湖,其实区分得不是那么明显。比如,欧洲西部的芬兰是千湖之国,可能冰蚀湖、冰碛湖都有。但是五大湖就是典型的冰蚀湖。请大家看一下几个湖的落差,落差最大处位于哪两个湖?

生:苏必利尔湖。

师:落差最大的是伊利湖和安大略湖。安大略湖这里有一个瀑布叫作尼亚加拉瀑布。图册上有没有?好像没有。有的啊?在哪里?噢,不是很明显。好,五大湖主要就是冰川侵蚀加地壳陷落造成的,导致湖泊很深。

师:好,后面的是密西西比河。密西西比河是不是北美洲的第一大河、世界第四长河?给大家看一下密西西比河注入墨西哥湾的场景。

生:有点黄的。

师:你判断一下,哪边是河,哪边是墨西哥湾里的海水?这个很明显,是不是这边是河水,那边是海水?河水和海水,它们的密度明显是不一样的,所以这里有一个相对来说很明显的界线。

师:好,来看第二个学考考点。美国的自然环境和特征,是 B 级要求,虽然是 B 级要求,但 B 级要求很喜欢考解答。过了这周,再过三天就期中考试了。

但我今天进来,看见蛮多同学还在默念,我觉得要表扬一下。就上周的"四周练",我们五班基本上每一位同学都做了最后一个大题。其他班的同学都没做最后一个大题。要做是对的呀,要做是好的。好,挺好的,做了总有收获的。

师:好,来,我给了大家北美气候带的气候类型分布(图)。好,谁来判断一下?挑战一下,来!

生:亚热带季风。

师:你写亚热带季风也会给你分数。那跟亚热带季风差不多纬度的,但是在大陆的西岸,是什么(气候)?

生:地中海气候。

师:地中海再往南一点是什么(气候)?

生:热带草原气候。

师:热带沙漠气候。好,黄的,这个黄黄的,在大陆西岸,北纬40°再往南一点的是地中海气候。好,这边你看不太清楚,但是就一条一条很细的,(是)温带海洋(气候)。大面积的这个紫色的高原山地是落基山,那中间那一块淡黄色的,(是)温带大陆性气候。好,再往下的一点点,红色的和粉色的,应该是哪两种气候类型?

生:热带雨林气候和热带草原气候。

师:好,很好。

师:请同学帮我总结一下美国的气候特征。

生:这个怎么总结?

师:首先是类型。

生:种类多。

师:类型比较多样,然后有什么比较特别的?

生:亚热带季风气候。

师:回想一下,讲亚洲的气候类型的时候,我怎么讲的?亚洲是不是三句话?

第一,气候类型多样;第二,季风气候典型;第三,大陆性气候分布广。你仿照一下,介绍美国的气候类型。

生:大陆性气候分布广。

师:对,哈哈。好,请坐。气候类型多样,温带大陆性气候分布广。至于最特别的嘛,你想想,这是一个不正常的分布,照理来说,我这里缺失了什么?本来大陆西岸应该要有温带季风,但我没有。我待会让你分析为什么没有。好,记住两个特征啊,气候类型多样,温带大陆性气候分布广。

师:好,我现在先让你分析美国西部的温带海洋气候、地中海气候和热带沙漠气候分布的形态和成因。图册上是有的,美国的气候类型分布在图册第20页。

生:温带海洋性气候。

师:嗯,温带海洋性气候,南北狭长分布。

生:北纬40°。

师:嗯,北纬40°以南呈狭长分布,对,在沿海地带,大陆西岸嘛。继续,挺好。

生:嗯,洋流流经。

师:好,请坐。嗯,其实基本上已经回答到了,再组织一下语言就可以了。

师:第二个问题,关于北美洲的降水,讲一下地形对北美西部降水量的影响。这相对来说比较简单。

生:西部为高原山脉,盛行西风带的水汽在迎风坡就形成地形雨,所以它的西边降水多一点,然后……在山脉的阻挡下……

师:嗯,所以山脉的西侧降水多,东侧降水怎么样?降水略少。很好,请坐。那刚才提到了,第一是西风从太平洋带来水汽,第二是由于落基山脉的阻挡,所以西坡的迎风坡降水多,东坡的背风坡是不是相对来说降水要少?你看颜色越深,降水越多。好,这个图在小绿本和图册上都有。

师:我给大家提了三个问题,可以与同桌讨论一下。3是这个,4是这个。请同学讲一下,哪个是冬季? 3和4都是冬季吗?

生:3是冬季啊。然后,南北、东西都有高大的山脉,就是这个……

师:你没判断4,4是什么季节?

生:4是夏季。

师:好。那么第三题,讲气象灾害。从北边来的冷空气在冬季产生的灾害,我们国家称之为寒潮。寒潮会带来什么?

生:雪灾。

师:请坐。他的判断是对的。关于冬季的寒潮和夏季的飓风,飓风是什么天气系统?

生:低压。

师:嗯,低压气旋,很好。给大家看一下题目,思考一下这题。这题不容易回答。选A的举手,选B的举手。选C的,有没有?好,你们剩下都选D了?那你们选什么了?你选什么?

师:哈哈哈,好,来,我们看一下时间。首先,冬天的时候,这一片是不是都很冷?然后,冷空气从北边南下,在南下的过程中,请问这个湖面上的温度,水汽的温度跟北边南下的这个水汽温度比,谁冷、谁暖?是不是水面上的相对来说要暖一点?好,那你想这个冷空气经过暖的水面,请问这团冷空气要被增温还是降温?

生:增温。

师:这团增温过的空气和原来南边的冷空气相遇,形成冷锋还是暖锋,气旋还是反气旋?很好,这里是不是加热,这里是不是还是冷的,然后是不是暖对冷?答案是A,很神奇是不是?这个就是我说的大湖效应。好,然后你看它带来的暴雪。

师:小绿本上的表格已经帮你总结好了,红色字是小绿本上没有的,你补充一下。你可以感受一下美国西边的落基山脉和东北的阿巴拉契亚山,对整个美国这里的气候的影响。但是也有特殊点,比如我们刚才提到的夏季的寒潮,夏季的飓风,冬季的寒潮,大家还是要记。

师:好了的同学请拿出必修三,翻到第6页。阅读上面的文字,阅读一下。好,下一个学考要求是,美国区域发展的三个阶段及主要的特点。

师:其实我们在讲工业的时候说过美国的传统工业区布局,在这个图上,这个是黄色、橙色,还是绿色?五大湖周边是美国的传统工业区,然后两个绿色的地方是美国的新兴工业区。

师:我是不是还讲了人口迁移的方向?迁到阳光地带,是往南方和西部迁。好,美国的人口迁移。好,现在请大家看一下这个材料。来,请大家翻到书本第8页,我给了大家一个材料,这个材料其实就是第9页的活动题。我要求你思考一下第二题和第三题,可以同桌间互相思考讨论一下,待会儿我请人回答。好,第二题。

生:19世纪中叶,美国的工业,工业迅速发展……这些使匹兹堡的交通便捷了。

师:最重要的就是交通啊,对吧?工业再发达,东西运不出去,是不是没用啊,对吧?好,请坐。其实就是运河开通,铁路修建,对吧?第三题问,生产、生活方式发生了什么变化?

生:手工业得到了发展。

师:好,生产方式,我们不叫手工业,我们一般叫"一产、二产、三产"。劳动力从"一产"向"二产",重点是不是主要向"二产"转移?那么生活方式呢?生活方式我讲两种:一种叫村里人,一种叫城里人。还记得我说工业化带动城市化,城市化发展之后,是不是从乡村居民变成城市居民?对不对?那我再问大家,在这个阶段,就是最开始钢铁工业中心还没出现的时候,三大产业的比重怎么样?

生:最多的是"一产",其次是"三产"。

师:很好。我有贸易场所,但我没有工业,对不对?好,然后慢慢地,工业所占的比重上升。

M 老师

师:你们的课本拿出来了没有? 快点。

师:好,问两个问题,上一节课我们学了什么?

生:鲁尔区。

师:好啊,不错,看来大家都还记得鲁尔区啊。好,有几个问题:第一个问题是,鲁尔区发展起来,它依托了哪些区位优势?

生:鲁尔区就是它的这个……资源。

师:好,明确一下什么资源?

生:煤炭资源。

师:对。还有呢?

生:然后是交通,还有市场。

师:想不起来了? 同桌来回答。

生:水源丰富。

师:还有什么? 他讲矿产了吗? 他讲了,他第一个讲的就是矿产。对,煤炭。对,还有个优势是靠近铁矿。

师:第二个问题,鲁尔区衰落的原因是什么?

生:第一点是煤炭是主要能源。

师:很好。

生:第二点是钢铁产业的衰落。

师:对。

生:然后第三点是产业结构单一。

师:什么结构?

生:就是产业结构单一。

师:对,还有没有? 还差一个。

生:环境。

师:对啊,这个是很容易想起来的一个因素,环境污染非常严重,请坐。

师:对于这些问题,鲁尔区采取了哪些措施呢?

生:数量和规模。

师:数量和规模里,其中数量怎么变化?

生:数量减少了。

师:规模呢?

生:产业结构升级。

师:还差一个。

生:进一步完善交通网络。

师:请坐。行,这是我们上节课学的内容。今天这一节课,咱们继续学习"认识区域"的第三节。除了中国之外,美国可以说是我们认识最多的一个国家了。

师:一般而言,我们讲区域地理的时候,套路怎么来的?对,先说位置。

师:来,今天先不让大家说位置了,看一下美国的地图吧。你也可以看书本第19页。美国有多少个州?有多少个?

生:50个。

师:本土有多少个?

生:48个。

师:48个。外面还有两个,这个叫什么?

生:阿拉斯加州。

师:这个叫什么?

生:夏威夷州。

师:地理位置就不用描述了,咱们直接来熟悉它的地形。

师:你翻到第20页,跟我一起找几个地形单元。先找一个很大的山系,叫作科迪勒拉山系。有没有找到科迪勒拉山系?书本上是怎么描述这个山系的？有好多条平行山脉。我们看看有哪几条平行山脉。从西往东,靠近大西洋的,口误了,靠近太平洋的海岸山脉。从西往东,还有一条内华达山脉,再往东去……对,落基山脉。这三条山脉都属于科迪勒拉山系。它一直延伸到南美洲,南美洲也有一条山,安第斯山脉也属于该山系。好,这是西边的地形。

师:再往东看,东边的中间有一片大平原。这片大平原上有一条河流,叫密西西比河,它是美洲第一大河流,也是世界第四大河流。好,再往东去,还有一条山脉,一起念一遍,阿巴拉契亚山脉,再念一遍,看看会不会写？哪个阿、哪个拉、哪个巴？阿巴拉契亚山脉。

师:再来描述一下美国的地形特征。西高东低吗？东北也有山脉啊。大家看平原在哪里？平原在中间。山脉呢？山脉在东西两侧。所以是东西相对高,中间低一些,东西高中间低。还有,地形以什么为主？对,以平原山地为主,然后中间低、东西高。

师:好,我们再看一下。西部是高大的山系,中间是广阔的平原,东部是低矮的山地。那么分析一下,西部的山脉非常高大的原因是什么？东边的阿巴拉契亚山脉相对低缓的原因又是什么？

师:这个问题上一节课有没有讲过,讲欧洲的时候,还有印象吗？我先不说欧洲,你能把这个问题回答出来吗？

师:别看书,来,抬头。我放这张图片的意思是什么？

生:板块。

师:关于板块的分布,我把这张图放上去是想表达什么意思呢？你看一下东部、西部的山脉,处在板块的什么位置？西部的这些山脉处在板块的什么位置？

生:消亡边界。

师:对,消亡边界。这些山脉是怎么形成的？请把过程说完整。

生:美洲板块和太平洋板块。

师:这两个板块怎么样了?

生:碰撞挤压。

师:对,碰撞挤压。碰撞挤压之后,谁隆起来?

生:美洲板块。

师:对,美洲板块的边缘隆起,形成了一系列高大的山脉。它在哪个位置呢?对,这个山脉是不是在美洲板块内部?

生:在美洲板块内部。

师:那么内力作用就相对怎么样?

生:相对弱一些。

师:什么作用就开始占上风了?

生:外力作用。

师:讲欧洲的时候我也提到了,两座山脉,一座是高峻的,一座是低缓的,是哪两座山脉?阿尔卑斯山脉高峻和……较低缓的是哪座山脉?

生:斯堪的纳维亚山脉。

师:不知道的,再把这两句话看一遍。

师:书本上还写了一个地方,叫作科罗拉多大峡谷。在书本的地图上找一找,科罗拉多大峡谷在什么地方? 在美国的西部,在落基山脉以西的地区,有没有看到? 好,关于科罗拉多大峡谷的形成,我们在讲什么的时候提到过这个地方?

生:讲外力作用的时候。

师:很好,讲外力作用的时候提到了。我把原先的话直接搬过来。科罗拉多大峡谷的岩石主要是什么岩?

生:沉积岩。

师:那你判断沉积岩的依据是什么呢? 对,是不是有两个?

生:一个依据是化石。

师:对,岩层之中含有化石,这是一点。还有一个依据是什么? 对,一层一层的,那个叫什么?

生:层理结构。

师:对。大家思考一下这个问题,说一下大峡谷的形成过程,说得完整一点,尤其是它的形成过程。这也是复习。来,我知道你的意思。来,你先说一下这边的岩石是怎么形成的?

生:形成了沉积岩。

师:现在沉积岩形成了。沉积环境一般来说是相对低洼,还是相对比较高?

生:沉积环境相对低洼。

师:对,肯定是低洼的。低洼的话,一般来说流水的侵蚀作用不会很强。这些沉积岩被怎么了?对,被内力抬升、抬起来了,抬起来之后才会形成高差,才会有流水的侵蚀。

师:所以这其中包含了三个过程,请坐。第一个过程,形成沉积岩。第二个过程,对,受内力作用抬升。第三个过程,流水的侵蚀。

师:同学们,期中考试即将到了,咱们的课本,特别是必修一,不知道你们复习了多少内容。我刚才提问了一些必修一的知识,看来大家基本上忘了很多了。

师:书本上还提到一个地方叫作五大湖,五大湖是世界上最大的淡水湖群,它的形成原因是什么?不少同学还记得是冰川侵蚀作用。之后,向下形成了洼地。好,洼地中灌满了水,形成了湖泊,叫作冰蚀湖。

师:来,各位同学浏览一下书上介绍的五大湖,从西往东,先把这几个湖泊的名字念一遍。西边的、最大的,对,是世界上最大的淡水湖,世界上最大的淡水湖是苏必利尔湖。

师:世界上最大的湖泊叫什么?黑海是海,里海不是海,里海是什么?

生:湖泊。

师:好,这个湖泊叫什么?密歇根湖,全部在美国境内。接着往东,好,再往东,再往东。好,最终湖水注入哪条河流?

生：圣劳伦斯河。

师：地形我们已经讲得差不多了，大家觉得我接下来要讲什么？对，气候。好，照着书本第21页的图填空。

师：来，一起说一下，A是什么气候？

生：地中海气候。

师：很好，地中海气候。好，地中海气候往北是什么？

生：温带海洋性气候。

师：地中海气候往南呢？

生：热带沙漠气候。

师：好，这三种气候的分布很有规律。接着我们往东边看，D这个地方呢？

生：亚热带季风性湿润气候。

师：对，亚热带季风性湿润气候，或者你索性叫它亚热带季风气候也可以，现在咱们不一定分得这么细。

师：E，最大的这块区域呢？

生：温带大陆性气候。

师：对，温带大陆性气候。那么大家想一下，同样的位置，同纬度的亚洲东岸，是什么气候？

生：温带季风气候。

师：温带季风气候。这里为什么没有形成温带季风气候呢？主要是因为海陆热力性质差异不够大，所以季风环流也没有那么明显，就没有形成温带季风气候。

师：好，再往北，F明显就是极地气候了。该气候的最大的特点就是复杂多样。那么，哪个气候占的面积最大？

生：温带大陆性气候。

师：大陆性的确很明显。好。接下来咱们分析一个很重要的问题，就是地形跟气候的关系，在美洲表现得特别明显。分析一下，北美洲的温带海洋性气候的分布是十分狭长的,原因是什么?

生:山脉。

师:对,说到了山脉,山脉阻挡了什么呢?山脉阻挡了西风水汽的深入。大家可以看一下第21页的降水分布图,看看美国的西北坡,这个地方的降水量怎么样?多,还是少?

生:非常多。

师:这里的降水量为什么会如此之多?

生:因为是西风的迎风坡。

师:对。好,那么从这个位置,从西北部往东去,降水量是不是很快地减少了,为什么?

师:对,我们把这边的地形复习一下。好,这是太平洋,没错,这是太平洋。好,这是海岸山脉。这是内华达山脉,中间有个盆地,这边有一座大山,叫什么山脉?

生:落基山脉。

师:好。西风从这边吹过来的时候,会受到地形影响而抬升,所以这一侧降水是非常多的。好,翻过山之后呢,大家觉得大盆地里面的降水怎么样,多吗?

生:少。

师:盆地里面,特别是我们刚才说的科罗拉多大峡谷里面,降水是非常少的,为什么?

生:背风坡。

师:你认真看一下,这边的气流是不是下沉了?西海岸降水非常多,那么东部相对来说降水就非常少了,而且使得气候的分布呈现出了南北狭长的分布形态。

师:大家想一想,欧洲是不是温带海洋性气候分布非常广呀,原因跟地形也有关系,它的山脉走向是怎么样的呢?

生：东西走向。

师：因为是东西走向的,所以有利于西风的深入。而这里的山脉是南北走向的,阻挡了西风,这是西部山区对气候的影响。

师：大家先想一下,中部平原对气候有没有影响？来,我画一个箭头,大家来感受一下这个箭头是什么意思？首先,这个箭头代表风,风从哪里吹来？好,北冰洋。来自北冰洋的冷气流,经过了这片大平原,没有阻挡,对吧？没错,可以长驱直入。

师：美国和加拿大中部地区经常会受到寒潮的侵袭,原因就是地形平坦,冷气流可以长驱直入。

师：好,咱们现在换一个问题。美国一年四季的风,有1、2、3、4四支,其中两支我们讲过了。现在你们来思考一下,另外两支代表的是什么？看书本第21页的这张图。

生：2是这个。

师：对,我们先说1,1代表什么？

生：季风。

师：很好,季风。3代表什么？

生：极地冷气流。

师：极地冷气流,画得和狼牙棒一样,肯定特别寒冷。好,还剩两个,2和4,你选一个。好,4,你来解释一下。你就告诉我,它的来源地是哪里,它的性质是怎样的。

生：墨西哥湾。

师：墨西哥湾,然后呢？性质？描述风的性质,平时我们会用到哪些词语,寒冷、干燥、温暖、湿润？这些词语都可以用上,你觉得描述这些风应该用哪个词？

生：温暖湿润。

师：对,温暖湿润的海洋气团。2呢？

生:海陆热力性质差异。

师:很好,海陆热力性质差异,特别是在冬季,陆地会形成什么?

生:冷高压。

师:从高压吹出来的干冷气流,它往东吹,为什么不往西吹?

生:西边有山地。

师:好,请坐。西边有山地的阻挡,所以气流没办法,只能往东吹啊。1是西风,2是高压吹出来的干冷风,3是强烈的极地冷气流,4是来自墨西哥湾的暖湿气团,先搞清楚这些气流。

师:那么冬季的时候,谁与谁比较强?

生:2和3。

师:对,冬季的时候,2和3比较强烈,这也就意味着这里的温带大陆性气候分布会比较广。

师:接着,补充一个问题,这个问题也是个现象。来,先把这几个现象看一下。

师:现象已经看完了,这些降雪的区域都在哪儿?

生:都在五大湖的东部。

师:为什么五大湖的西部没有?大家思考一下。

师:有想法吗?迎风坡?这里应该没有坡地,五大湖地区都是平原,地形都非常平坦。你说阿巴拉契亚山脉,是吧?但是这些城市不一定在阿巴拉契亚山脉西侧呀。

师:你对地形还不熟悉,这是五大湖相对比较平坦的地方,五大湖的范围很宽呀。阿巴拉契亚山脉在这儿,这里可能就产生雪灾了,对吧?这跟阿巴拉契亚山脉也没多大关系呀。

生:它不是高压吗,高压往外吹风,吹寒冷干燥的风,吹着吹着,吹到了五大湖,有水汽过来,变湿冷,就有降水了。

师:大家觉得他说得怎么样?虽然语言非常通俗,但是解释出来了。还记得我们之前其实讲过这种现象吗?这是五大湖的湖面,冬季的时候吹什么风？风从哪里吹来的？可能是从北冰洋吹来的，也可能是从美国来的，总之是西北风。干冷的西北风经过湖面之后，怎么样了？对，加温加湿了。因为在冬季的时候，湖面附近的温度怎么样？温度相对高一些，湿度相对大一些。好，再到陆地上之后又遇冷，遇冷之后怎么样？

生：凝结降水。

师：这些降水一般都是什么？

生：降雪。

师：所以在五大湖的东岸地区，时常会出现类似的雪灾。来，关于这张图，我不知道你们能不能看懂？跟大家说一下，你对照着五大湖的轮廓来看一下。这是卫星云图。看一下这是哪个湖？

生：苏必利尔湖。

师：这是哪个湖？

生：密歇根湖。

师：风从西北吹过来，经过湖面，被加温加湿再登陆之后产生了降雪，这一效应就叫作大湖效应。

师：我们之前还讲过一个地方，这是日本海，这是日本，是不是一个道理？我们刚才讲日本的西海岸降水往往会多一些，原因是什么？因为冬季风经过日本海之后登陆，然后在地形的抬升作用下产生了降水，而且这些降水往往是降雪。

师：关于美国的地形和气候，咱们讲完了。接着讲一个很重要的知识点，请大家把必修三拿出来，翻到第51页。由于时间关系，这一节只讲个开头。我们先来复习一下，我们在学必修几的时候讲到农业了？对，必修二。而且讲了一个很重要的东西，就是农业的区位。

师：这个太重要了。剩下的时间，咱们先来复习一下农业区位吧。先跟我一起来回顾一下，关于农业区位，书本上将其分成了几类？知道的同学赶紧把必修二翻出来看一看。

师:分成了几类?从我们学习必修三开始,希望大家把三本必修的书都带着,毕竟时常会用到。

师:农业区位有几类?

生:三类。

师:哪三类?第一类,是自然区位。第二类,书本上写的是技术经济区位。找一找技术经济区位当中,书本上说了几个(因素)?劳动力、技术装备、生产技术,还有耕作制度和工作方式,就是锄制。技术经济区位讲完之后,还有一个是什么?社会经济区位。刚上课的时候,我让你们记社会经济区位,就记两个词,是哪两个词?市场和交通。这三个区位当中,哪个区位我们讲得最详细?

生:自然区位。

师:自然区位是讲得最详细的,我们来复习一下。农业的自然区位,这后面我打了四个框,这四个框中分别填什么?

生:气候、水源、土壤、地形。

师:其中,我们又强调了气候,关于气候,有几个要素要注意一下?大声点,来,你分别说一下。

生:降水。

师:很好。

生:光照。

师:还差一个。

生:热量。

师:对,就是热量。光照、热量和降水。

师:我们来分析下美国的自然条件。从地形上来看,刚才讲的地形的最大特点是什么?

生:以山地和平原为主,山地在东西两侧,平原在中间。

师:平原可以用来干什么?发展种植业。而且这里的平原所处纬度相对较高,土壤以什么土壤为主?

生:黑土。

师:平原地区的耕地非常广阔,适合机械化生产。

师:大家觉得西部的高山如何呢?对,海拔高,降水不足,它就适合发展畜牧业。大家注意一下,西部高山的畜牧业,属于哪种农业地域类型?这里是乳畜业,还是大牧场放牧业?

生:大牧场放牧业。

师:这里天然草场非常广阔。养的是羊还是牛?

生:牛。

师:西部牛仔,你懂的,对吧?好,再从气候的角度来分析一下。这里的水热条件相对来说较好。

师:好,密西西比河和五大湖地区的水源非常充沛,土壤其实不是都很肥沃,我们只是强调某一个地方肥沃,哪个地方呢?

生:中央平原。

师:对,中央平原的土壤肥沃。所以那里发展起来的都是什么农业地域类型?

生:商品谷物农业。

师:现在请同学们对照书本的第53页,先记一下农业带。下一节课,我们着重讲这些。

S 老师

师:同学们,上节课我们讲了气温,1月气温和7月气温。关于1月气温,我们讲南北温差大,要紧紧扣住什么?

生:地理纬度与受冬季风影响程度。

师:除了大气环流,还跟它的下垫面性质有关,这就要从微观状态,比如等高线等状况来进行分析。明白没?

师：夏天南北温差相对比较小，这是受地理纬度的影响。还有海拔的高度、太阳的高度，也成了影响因素。当然还要考虑什么？大气环流。因为夏季风有什么作用？增温增湿，对不对？

师：吐鲁番盆地海拔低。这对它的温度有着什么影响？这里我不具体说。

师：上节课，我们讲到了温度带。我们是按照热量来对它进行划分的。

师：什么是热量？这是指大于等于10摄氏度的持续天数的平均温度的总和。大家都知道大于等于10摄氏度，这一温度能让植物较好地生长。时间，指持续天数。

师：关于中国的热带、亚热带、暖温带、中温带、寒温带，我们要适当了解。

师：比如，热带只有三块地区，滇南谷地、雷州半岛，以及海南岛和台湾岛的南侧。

师：亚热带，以秦岭—淮河为界，对不对？

师：关于暖温带，我说的是什么？

生：长城。

师：辽宁省东北地区也有暖温带，辽东半岛属暖温带，对不对？西北就是以天山为界，塔里木盆地是暖温带，河西走廊是暖温带。

师：塔里木盆地、河西走廊、长城以南，秦岭—淮河以北，都是暖温带。我们具体需要注意什么？宁夏有一点（地方）是暖温带，绝大部分（地方）是中温带。除了漠河是寒温带，其他（地方）都属于什么带？这里适当注意一下。

师：青藏高寒区和藏南地区，它是不一样的。温度带清楚了，对不对？那么我们得出温度带，主要是为什么服务的？

师：得出温度带主要是为农业生产服务的。

师：具体的复种指数，大家都知道。在热带，作物一年几熟啊？

生：三熟。

师：那这个地方是哪里啊？

生：南岭以南地区，一年三熟。

师：长江流域呢？

生：一年两熟。

师：华北地区呢？

生：一年两熟或两年三熟。

师：一般以黄河为界，北面两年三熟，南面一年两熟。中温带呢？

生：一年一熟。

师：寒温带也是一年一熟。

师：关于熟制，长江流域一年两熟，南方就是一年三熟。作物呢？中温带地区粮食作物都种什么？

生：春小麦。

师：什么叫春小麦？

生：就是春天种秋天收的小麦。

师：如果不种春小麦，那么这里主要的经济作物是什么？

生：甜菜。

师：暖温带地区主要的粮食作物是什么？

生：冬小麦。

师：冬小麦什么时候种？

生：秋冬季节。

师：冬小麦一般就是10月底到11月初开始播种，到第二年5月份收获。收起冬小麦种什么？开始种棉花。棉花什么时候收？

生：国庆节前后。

师：那这里种什么？

生：水稻和油菜。

师：南方呢？

生：水稻和甘蔗。

师：我们按照气温得出了温度带，然后得出了农业类型。

师：接下来看降水。请把地图册翻到有总降水量图的地方。

师：我国降水绝大部分靠什么降水？

生：夏季风降水。

师：因为我国是季风气候，有冬季风、夏季风。冬季风主要用来降温的。夏季风带来了什么？

生：降水。

师：我们国家的降水主要靠夏季风降水。夏季风有东南风和西南风。除了夏季风会带来降水之外，还有什么风会带来降水呢？你看新疆的降水是什么风带来的？

生：西风带来了降水。

师：西风是怎么样带来降水呢？

生：大西洋吹的西风带来降水。

师：也就是说，我们国家的降水主要是夏季风从太平洋过来，吹东南风。西南风从印度洋吹过来。西风从大西洋吹过来。还有来自北冰洋的水汽。这其中哪个风是最重要的？当然是来自太平洋的东南风。

师：因此可以得出我们国家的降水有什么规律？我是说空间规律。从空间上可以看得出来，降水由东南向西北逐渐减少，东南多，西北少。

师：为什么我国降水由东南沿海向西北内陆逐渐减少？"因为距海远近"，如果就这样回答，肯定要扣分啦。那么首先要说明什么？这里的降水靠什么？

生：夏季风降水，靠（吹）东南风（带来）降水。

师：因为这里的降水靠（吹）夏季风（带来）降水，由东南沿海到西北内陆，受夏季风影响由强到弱，降水由多到少。这一规律是大致的，有没有特殊的？

生：有。

师：主要受什么因素的影响？

生:地形。

师:地形为什么会打破它?

生:地形会阻挡水汽。

师:除了阻挡水汽,还有什么,迎风加上什么?

生:背风。

师:迎风坡降水多,背风坡降水少,迎风坡气流抬升降水多,背风坡气流下沉降水少。看这张图,接下来与同桌讨论一下。

师:你解释给大家听听。

生:按理说(降水)应该由东南向西北递减,但是青藏高原南部(降水)特别多,然后……

师:你想分析什么?

生:因为这里主要受西南季风影响,而西南季风携带了大量温暖的水汽。青藏高地势比较高,受地形抬升降水多。

师:然后沿着大峡谷,还是在这个区域中,由东南向西北降水逐渐减少。

师:在这里你觉得需要关注哪块地区的降水?这里,还是这里?

师:这里的降水靠什么?

生:靠西风(吹来带来)降水。

师:这里是什么地形?你觉得这是什么山?

生:天山。

师:对,天山北支,天山南支。这个是什么?伊犁谷地,很重要。天山北支、天山南支向大西洋敞开,西风吹过来带来水汽,(导致)降水丰富。

师:你觉得由东南向西北降水不是逐渐减少,举个例子。

生:受东南风的影响,这个地方遇到台湾山脉的阻挡,靠近台湾的这侧位于背风坡。这边靠近江南丘陵,江南丘陵反而会对气流产生抬升作用。

师:这里有一座什么山?

生:武夷山。

师:对。这叫山,不要叫丘陵了。这个地方为什么降水少?这里为什么降水多?这里距海近,这里距海远,对不对?这里距海比这里要近,但它是什么风?

生:夏季风。

师:位于台湾山脉的背风坡,气流下沉。而这里是什么?

生:位于迎风坡,气流抬升。

师:这就产生差异了,对不对?好的,我再问你一个问题,这里的降水比这里的,多还是少?

生:多。

师:这里是甘肃省,这里是什么省?

生:青海省。

师:这是什么山?

生:祁连山。

师:那遇到祁连山,会发生什么?

生:气流抬升,在迎风坡降雨。

师:那么我们注意一下,这里为什么降水特别多?这是山东半岛,对不对?一个是距海近,一个是风从海上来,遇山地抬升成降雨。

师:这是中国降水的第一个规律,由东南沿海向西北内陆地区降水逐渐减少。

师:第二,我这里也是沿海,你那里也是沿海,为什么你那里降水多,我这里降水少?这就是空间上的第二个规律。

师:因为我们国家东部地区的降水要靠什么?

生:夏季风。

师:东南风带来的降水在这里以什么形式呈现?

生:锋面雨带。

师:锋面雨带的推移,是什么大气环流所造成的?好,来细说。

师:亚洲高压和副热带高压是影响我们国家的两个大气活动中心。在副热带高压的影响下,夏季风会带来水汽,然后开始?

生:北上。

师:夏季风不断地北上。四五月份的时候,雨带集中在哪里?

生:珠江流域和南部沿海地区。

师:到了六七月份的时候,会怎么样?

生:在长江流域形成降水。

师:这个时候,西南风也过来了,大家都知道西南地区的降水主要受西南风的影响。六月份,西南风吹进了西南、青藏地区了,这里就开始降水。热带季风区什么时候进入雨季?

生:六月份。

师:七八月份,整个东北、华北地区出现降水,西南风达到最强。长江流域出现什么天气?

生:伏旱天气。

师:伏旱受什么控制?

生:副热带高气压带。

师:受副高控制,对不对? 也就是说九月份,南侧副热带高压势力减弱,那么长江以南地区,特别是杭州湾以南,降水就会变化。

师:由此,能够得出我国降水的什么规律? 东部地区由南向北降水由多到少,这是第二个空间规律。第一个是"由东南向西北",第二是"东部地区由南向北"。对不对?

师:最后我们得出两个时间规律。我国降水主要靠什么? 夏季风,所以我国降水夏秋多冬春少。夏季风是不稳定的,所以降水年际变化大。因而降水有两个时间规律,第一是集中在夏秋,第二是年际变化大。

师:由此得出,我国会频繁地发生什么自然灾害?

生:旱涝灾害。

师:我们按照温度划分了温度带,按照降水划分了干湿地区。干湿地区分为湿润、半湿润、半干旱、干旱这四个干湿地区。你觉得是按什么划分干湿地区的？降水和什么？和蒸发的对比。不单纯是降水,是降水量和蒸发量的对比关系。

师：你觉得降水量与蒸发量的对比关系中,谁更重要,是降水更重要,还是蒸发更重要？

生：降水更重要。

师：湿润、半湿润地区能长什么植被？

生：长草。

师：还有呢？

生：能长落叶阔叶林。

师：我们这里长什么？

生：常绿阔叶林。

师：亚马孙流域湿润不湿润？长的是落叶阔叶林吗？

生：是热带雨林。

师：湿润、半湿润地区能长森林,热带雨林、常绿阔叶林、落叶阔叶林、亚热带常绿硬叶林、亚寒带针叶林。湿润、半湿润地区是长森林的。明白没？

师：长森林的地方是不是一定能够发展耕作业？

生：不一定。

师：推翻它的理由是什么？比如亚寒带针叶林,俄罗斯、加拿大长不出来,这是什么原因造成的呢？

生：热量。

师：也就是说,我现在讲的湿润、半湿地区满足的是什么条件？

生：水分。

师：发展农耕业还需要什么？

生：热量和光照。

师：主要是热量、水分。如果热量和水分条件都能满足了,是不是就一定发展耕作业的呢?

生:不是。

师:原因是什么呢?

生:地形。

师:对,山区就不合适,对不对?热量和水分条件都能满足,而且地形平坦,农民就一定种东西吗?对,还要考虑社会经济因素。

师:接下来,第二个问题,什么地区长草呢?

生:干旱、半干旱地区。

师:湿润、半湿润地区主要长森林,当然草也是能长出来的。如果要普遍长草,很少长树,那么主要是在干旱、半干旱地区,你认为这错在哪里?

生:应该是在半湿润、半干旱地区。

师:对,半湿润、半干旱地区。我马上问你,干旱地区长什么啊?

生:长荒漠。

师:半湿润跟半干旱地区长草。半湿润地区靠近半干旱地区一侧,可以长什么?靠近湿润地区的这一侧主要长什么?

生:长森林。

师:所以黄土高原被森林、草原包围。

师:你也可看看长城内外。长城是什么?

生:是农区和牧区的分界线。

师:古代为什么修长城啊?

生:为了抗击匈奴。

师:他们是干什么的?

生:放牧的。

师:所以长城沿线地带就是农区和牧区的分界线。

师:往西北看,这个地方的生态条件怎么样?

生:生态薄弱。

师:那就是生态薄弱带了,对不对?这里是长草的,半湿润、半干旱地区长草。长草就能发展什么?

生:畜牧业。

师:有的也要发展耕作业,这就形成了什么?

生:荒漠化。

师:由于过去在半湿润、半干旱地区不合理耕作,或者过度放牧,这个地方就荒漠化了。

师:干旱地区长荒漠,那里有没有人呀?有没有人存在?他们靠什么生存在这里的?

生:放牧。

师:那这里是不是长草的?干旱地区不是只长荒漠,也能长草。绿洲有水,他们可以干什么?

生:可以耕作。

师:明白了吗?水在这里起什么作用?

生:决定性的作用。

师:接下来,看半干旱地区,这里有什么山?这是天山,这是阿尔泰山,对不对?这个地方能长草。哪里长草?

生:河谷里长草。

师:新疆人吃不吃羊肉串?吃,那说明有羊。羊吃草,草长在哪里呢?在迎风坡有草,背风坡有没有草呢?天山南侧有没有草呢?也是有草的。那么草长在哪里?

生:山上。

师:山上为什么能长草?要紧紧扣住降水与蒸发的对比关系。山下是半干旱地区,但往上走能看到草地,一是因为迎风坡降水,二是海拔高一点,气温低一点,蒸发弱一点。

师:中国可以分成几个自然区?

生:三大自然区。

师:这是按照什么标准分的呢?按照降水、热量,可以分成三大自然区,哪三大自然区?第一,西北内陆干旱半干旱地区;第二,青藏地区,青藏高寒区;第三,东部季风区,东部季风区又以秦岭—淮河为界,分成北方地区和南方地区。北方地区和南方地区跟青藏高寒区是不是属于同一个级别?不在同一个级别上。西北内陆干旱半干旱地区、青藏高寒区、东部季风区。这就是我们国家的三大自然区。东部季风区又分成北方和南方。

师:我们国家还可以分成四大经济区,具体是哪四大经济区呀?东部经济地带、中部经济地带、西部经济地带,再加东北地区。明白没?

师:好,接下来先看西北地区,把地图册翻到第67页。

师:我们回忆一下。这是什么山脉?

生:阿尔泰山。

师:这是什么?

生:天山。

师:那这是什么?

生:昆仑山。

师:这里有什么盆地?

生:准噶尔盆地。

师:这是什么?

生:塔里木盆地。

师:接下来,这个地方有一条河流过来,然后流出去,是什么河?

生:额尔齐斯河。

师:学了世界地理,我们知道额尔齐斯河流流出去,就成了什么河的上游?

生:俄罗斯鄂毕河的上游。

师:鄂毕河发源于我们国家的额尔齐斯河,发源于我们国家的阿尔泰山,靠高山冰雪融水补给,还有大气降水。

师:这里有著名的什么?口子。叫什么口?

生:阿拉山口。

师:铁路线路就是这样延伸出去的。而天山有北支、有南支,这一带是封闭的高原。山地和高原是什么?

生:帕米尔高原。

师:仔细看地图册,塔里木盆地是封闭的。整个盆地是有缺口的,对不对?然后昆仑山这样过来,阿尔金山、祁连山。那这里就是什么?

生:柴达木盆地。

师:雪山在这儿,北纬40°穿过嘉峪关、祁连山了。这是什么?黄河的发源地巴颜喀拉山。然后这里过来,这是什么?

生:阴山。

师:这里是什么?

生:贺兰山。

师:这是什么平原?

生:宁夏平原。

师:这里是什么平原?

生:河套平原。

师:宁夏平原和河套平原,阴山,贺兰山。都是沙漠,巴丹吉林沙漠,腾格里沙漠。一直过去,到这儿就有了什么呢?这是什么?再过去是什么?

生:大兴安岭。

师:大兴安岭以西,长城以北,昆仑山跟阿尔金山、祁连山以北,这一块就是西北地区。